新招商

用产业生成式招商打造新质生产力

蔺雷 吴易 张文彬 著

企业管理出版社
ENTERPRISE MANAGEMENT PUBLISHING HOUSE

图书在版编目（CIP）数据

新招商：用产业生成式招商打造新质生产力 / 蔺雷，吴易，张文彬著 . -- 北京：企业管理出版社，2025.8.
ISBN 978-7-5164-3289-1

Ⅰ . F832.6

中国国家版本馆 CIP 数据核字第 2025X5H283 号

书　　名	新招商：用产业生成式招商打造新质生产力
书　　号	ISBN 978-7-5164-3289-1
作　　者	蔺雷　吴易　张文彬
责任编辑	尤颖　黄爽
出版发行	企业管理出版社
经　　销	新华书店
地　　址	北京市海淀区紫竹院南路 17 号　　邮编：100048
网　　址	http://www.emph.cn　　电子信箱：emph001@163.com
电　　话	编辑部（010）68701638　　发行部（010）68417763　68414644
印　　刷	北京联兴盛业印刷股份有限公司
版　　次	2025 年 8 月第 1 版
印　　次	2025 年 8 月第 1 次印刷
开　　本	710mm×1000mm　　1/16
印　　张	16.25
字　　数	220 千字
定　　价	88.00 元

版权所有　　翻印必究·印装有误　　负责调换

序

新时代呼唤新招商

从2018年开始，我在各地演讲、调研及与地方政府工作人员交流时明显感受到一个问题：招商难、招商贵，招商愈发"内卷"。在用过各种"猛招"以后，人们发现招商效果不尽如人意，好项目、好团队各地都在争取，好人才、好智力却很难真正扎根。时至2024年，随着国务院《公平竞争审查条例》的出台，传统招商引资工作走到了命运攸关的十字路口：传统招商抓手的效能大幅降低，招商逻辑该如何重构？固化的招商思路该如何转变？不合时宜的招商手段该如何升级？招商工作如何既能应对脱钩断链的重压，又能实现高质量发展和打造新质生产力？……一系列问题让招商人觉得异常困惑，带来诸多焦虑。

如何破解招商焦虑？这成为一个不可回避的时代新命题。

困惑和焦虑背后，恰恰是新时代对新招商的无限呼唤。正是带着这样的时代使命，我们三位作者在很短的时间内就确定要写这本《新招商》。在我们心中，能为各地政府的招商引资带来一些新的工作思路、落地抓手和借鉴案例，就是对这个时代的一份贡献。于是，我们基于自身对产业发展规划、政策制定和企业创新20余年的研究积累，开始对发达地区和欠发达地区的各类园区招商工作展开针对性调研，历时半年多进园区、访企业、跑现场、看问题、找办法，搜集了大量一手资料和案例，再经过内部30余次激烈的头脑风暴和专题讨论，以及四轮书稿的修改迭代，终于在2025年3月月底定稿。

持续的调研、观察、讨论、思考，让我们对招商的过去、当下和未来有了更为深刻的认识。招商在以往更多被视作产业发展的一种手段，如今它早已变成城市间的战略竞赛，决定着城市的长远发展。新招商不再是简单比拼谁的奖补税收优惠力度更大，而是着眼于城市的创新和未来，通过生成产业创造长期效益，开辟区域发展新动能。更重要的是，新招商正在成为地方政府打造新质生产力的有效切入点。传统招商更多关注传统生产力，新招商则将目标瞄准了新质生产力。不论是未来产业的试水、战略性新兴产业的培育，抑或是传统产业的深度转型升级，传统招商方式已不再适用，各地迫切需要根植于本土实情改善营商环境，因地制宜地推动新招商快速落地。

那么，新招商的实质是什么，该如何从传统招商升级为新招商？本书提出了以下一些观点和落地方法，供各位批评指正。

第一，招商进入新时代，"产业生成式招商"和"造商"成为新的招商逻辑。

招商引资史本身就是一部波澜壮阔的改革发展史，它关系每个区域从0到1的产业成长史，也关系中国产业从1到100的转型升级史。在这个过程中，招商从最早的区位优势逻辑演变为后来的政策优势逻辑。然而，随着高质量发展的要求，原来比政策优惠甚至抢夺式的招商竞赛，必须呈现新的局面和气象。如今，招商引资的背后有一条隐秘但无比振奋人心的创新线索，那就是从项目外引转到产业生成，从外部成熟产业的搬运工变为新产业的生成者、创造者，从发展传统生产力发展为打造新质生产力，这就是本书提出的"产业生成式招商"底层逻辑。

产业生成式招商包括三个关键生成：要素生成、空间生成和生态生成，它们通过解决产业生成的原动力、产业生成的新空间、产业生成的优生态三大问题，让传统的"招商"转变为"造商"，这是对传统招商进行的思路更新、模式转向和手段拔高。

第二，新招商的"6模式+1手段"旨在解决科技创新与产业创新融合的痛点问题。

新招商是两手抓、两手都要硬，它一手抓科技创新，一手抓产业创新，成为科技创新与产业创新融合的关键桥梁和黏合剂。具体来说，本书提出的产业生成式招商"金字塔模型"包括6种落地模式（以下简称6模式）和1个有效手段（以下简称1手段）：6模式为场景招商、科技招商、内创招商、飞地招商、资本招商和链群招商；1手段是数字化AI招商手段。"6模式+1手段"并非零散出现，而是共同指向解决科技创新和产业创新融合的痛点问题。其中，场景招商解决产业生成的机会痛点，科技招商解决产业生成的原动力痛点，内创招商解决产业生成的内生乏力痛点，飞地招商解决产业生成的跨地域痛点，资本招商解决产业生成的孵化加速痛点，链群招商解决产业生成的生态痛点，数字化AI招商手段解决的是产业生成的精准和效率痛点。

第三，新招商是"用长周期，造大产业"的耐心招商。

新招商有一个产业"培育——成长——壮大——再激发"的循环过程，而不再是传统的单点或一次性招商。新招商贵在"三新"：在招商思路上，用"产业生成式招商"替代传统招商；在招商模式上，6模式因地制宜的灵活组合为城市找到产业发展的新路径；在招商手法上，数字化AI招商手段的应用大幅提升产业生成式招商的效能和质量。也只有这样的新招商模式，才能真正化解当下的招商内卷、提升招商效能，从而让招商人走出焦虑和迷茫，更让区域产业的发展生生不息。

第四，新招商无定势，不同地方可以借鉴5D模型因地制宜推动新招商落地。

各地政府可以对照产业生成式招商的思路与原则，结合本地实际情况灵活组合应用6种新招商方式，引入数字化AI手段，改革与升级传统招商范式。切记，新招商不是打补丁而是换系统。在从传统招商进阶到新招商的过程中，各地政府可以借鉴本书提出的"生态–品牌–模式–组织–政策"5D模型，进行全方位的诊断和优化调整：诊断新招商微生态，传递新招商品牌，动态组合新招商模式，升级新招商组织，确立新招商政策导向。

为了方便新招商的实操落地，本书在写作上避免教科书式的体例，全书以问题导向切入，以提高招商成功率和效能为目标，直接讲述产业生成式招商6模式和1手段在落地时最常踩的坑和相应的解决方案，并在每章结尾提出4~7个关键抓手供参考和使用。

必须承认，以上核心观点的提出与落地方法的提炼，并非靠作者的一己之力，而是得到了众多地方政府领导、各类产业园区负责人和诸多招商人的支持、鼓励与厚爱,在此向各方致以诚挚谢意。

首先,我们要感谢出现在本书中的案例园区和给予支持的招商人。这些案例园区和招商人用自己鲜活的实践经验和深入思考,给了我们极大的启发和滋养。虽然我们调研的各类园区(包括高新区、经开区、海归创业园、大学科技园、孵化器加速器等)的招商做法各异,但当我们从新招商的角度去审视这些案例时,才发现它们在招商的改革思路上是如此相似,其创新做法与接地气的试错经验经常让我们眼前一亮。每当我们遭遇思考瓶颈,也总会有一众资深人士和友人适时出现,他们不仅提供原始素材、调研线索,还会深度参与头脑风暴讨论,为本书提供了很多真知灼见,让我们在写作路上备受鼓舞,真诚感谢像庞鹏沙先生、赵嘉先生这样的思想共鸣者给予的支持和帮助。

其次,我们要感谢这个转型和创新时代,正是这样一个蓬勃向上的时代,这样一个招商引资成为产业发展核动力和城市发展主引擎的时代,给我们提供了一线调研、深度思考和扎实研究的宝贵机会。几十年的人生经历让我意识到,每当遇到转折期与升级期,虽然有无数挑战,但更多的是难能可贵的机遇。新招商就是这样一个深刻影响地区发展和新质生产力打造的时代大机遇。当我们身处这样一个时代,找到这样一个选题并且亲自完成它,真的无比幸运。

最后,我们要感谢企业管理出版社,包括陈静社长、尤颖主任和黄爽编辑及其他相关工作人员。几位出版专家的效率高、沟通好、工作细,让本书在观点提炼、内容优化、文字打磨上增色良多。

不夸张地说,二十多年前刚开始接触创新时,我们断然不会从招商引资的角度看创新、看产业和看城市。在随后的漫长求索和实践岁月里，我们始终坚持实事求是的方法论，一直敬畏调研和走向实践，历经风雨洗礼和无数锤炼后，终于在这本书中将科技、创新、产业、招商、城市、新质生产力这些看着很宏大的词汇有机融合在一起，我们知道了创新的世界如此美妙绝伦，招商的世界如此海阔天空，产业的发展如此激荡起伏，城市的未来如此牵动人心，生产力的升级如此开天辟地……持续试错又不断纠错的过程，不断吸收外部养分又去创造新知的磨砺，才是我们心中最灿烂的烟火。

当完成书稿的一瞬间，我们无比激动，又心存遗憾。由于学识水平有限，认知仍有待提升，虽然我们尽了自己最大的力量去完成本书，但仍有不少需要改进的地方，还望各位读者海涵。

这些年，我看到和感受最多的一幕，就是无数招商干部四处奔波殚精竭虑，他们多想给本城市招到一个好项目大投资啊！然而，当焦虑伴身、认知陈旧，势必会让自己勤劳的双脚奔跑在错误的道路上。静下来捋清思路，看看这本《新招商》，哪怕其中一个故事、一句话或一个案例能给你启发，我们的目的也就达到了。

新时代呼唤新招商，这就是来自每个招商人内心最真实的声音。

公元二〇二五年暮春于京

目录

第一章　重塑逻辑：
001　从"招商"到"造商"

　　传统招商的四大严峻挑战　/　003

　　新旧招商的七维全景透视　/　011

　　产业生成式招商的"金字塔模型"　/　016

第二章　场景招商：
027　机会牵引产业生成

什么是场景招商　/　029

常见问题　/　032

　　为何场景招商如此受关注　/　032

　　有哪些可用于招商的目标场景　/　036

　　如何防止"硬造"伪场景　/　042

　　场景招商要不要设立专门的机构　/　044

如何促进场景供需精准对接　/　046

关键抓手　/　049

第三章　科技招商：
051　从原动力创造产业

科技招商与传统招商有什么不一样　/　053

常见问题　/　058

　　科技招商到底要招什么　/　058

　　如何科学评价科技招商的绩效　/　062

　　从事科技招商需要掌握哪些"独门绝技"　/　066

　　科技招商是否需要专职队伍　/　071

关键抓手　/　073

第四章　内创招商：
075　激发存量生成产业

什么是内创招商　/　077

常见问题　/　083

　　为什么内创招商是最活跃的招商增量　/　083

　　如何找到合适的内创招商对象　/　087

　　为什么政府部门搭建"内创平台"是有效方式　/　090

　　政府部门要打造什么样的内创服务链　/　098

内创招商容易踩哪些坑 / 100

　关键抓手 / 101

第五章 / 资本招商：
103 / 催化加速生成产业

　资本招商有哪些新趋势 / 105

　常见问题 / 108

　　资本招商有几类核心模式 / 108

　　资本招商需要什么生态才能更好落地 / 120

　　国资如何择机进入和适时退出 / 126

　　资本招商如何最大程度规避风险 / 129

　关键抓手 / 134

第六章 / 飞地招商：
135 / 合作共享生成产业

　什么是飞地招商 / 137

　常见问题 / 145

　　什么样的项目适合飞地招商 / 145

　　政府选择飞地如何避免盲目性 / 148

　　正向飞地招商如何实现稳健退出 / 153

　　反向飞地招商怎样才能接得住产业回流 / 156

怎么解决飞出地和飞入地的利益冲突 / 158

飞地园区由谁来运营更合适 / 161

关键抓手 / 164

第七章 / 链群招商：
167 / 打通产业链生成集群

链群招商有哪些模式 / 169

常见问题 / 173

链群招商中一定要补全产业链条吗 / 173

招商项目与产业链不协同配套怎么办 / 175

政府有什么妙招激发"链主企业"招商 / 178

链群招商中如何避免"有链无群" / 185

关键抓手 / 190

第八章 / 数字化赋能产业生成式招商
191 /

为什么新招商更迫切需要数字化赋能 / 193

常见问题 / 197

如何用 AI 精准制导提升招商效能 / 197

新形势下如何实现以"数"招商 / 205

如何用数字化打造招后服务"大脑" / 209

关键抓手 / 213

第九章 / 如何落地产业生成式招商：
215 / 5D框架

  第一步：精准微生态诊断（Diagnosis） / 218
  第二步：传递新招商品牌（Delivery） / 224
  第三步：动态组合新招商模式（Dynamic） / 229
  第四步：升级配置新招商组织（Deploy） / 234
  第五步：确立新的招商政策导向（Directive） / 237

参考文献 / 243

第一章

重塑逻辑：从"招商"到"造商"

> **核心观点**
>
> ▶ 新招商是城市竞争力的PK升级，实质是政府主动深度参与产业创造。
>
> ▶ 新招商的底层逻辑是从"招商"到"造商"，从代价大、风险高的传统范式转向产业生成式招商，从源头为城市创造长期价值。
>
> ▶ 产业生成式招商旨在解决产业生成的原动力、新空间、优生态三大问题，从存量争夺转向增量创造。
>
> ▶ 传统招商招大、招晚、招后端，主要是模仿、复制和转移产业；产业生成式招商则招小、招早、招科技，主要是孵化、培育和创造新产业。

新招商与传统招商有何不同、该怎么操作落地，是每一个读这本书的人急切想要找到的答案。新招商有"三新"：一是招商思路新，二是招商模式新，三是招商手法新。新招商不再简单遵循招引外部大企业、大项目落地的传统做法，也不再单纯比拼谁的奖补税收优惠力度更大，而是着眼于城市的创新和未来，围绕创新链解决产业生成的原动力、产业生成的新空间、产业生成的优生态三大问题，从传统的"招商"转变为"造商"，最终通过生成产业为城市创造长期效益，开辟区域发展新动能。那么，究竟该如何将"招商"转变为"造商"，甚至"造产""造城"？本章通过剖析产业生成式招商的内涵，提出"金字塔模型"，一步步揭开产业生成式招商的面纱，带你领略新招商的无穷魅力。

第一章 | 重塑逻辑：从"招商"到"造商" |

传统招商的四大严峻挑战

"招商引资"四个字，承载着改革开放以来中国的产业发展和经济增长重任。对地方政府来说，招来一个好项目、大项目就能迅速带来 GDP、就业和税收的增长，因此招商工作成为名副其实的各地政府"开年第一会"的核心议题。然而，当创新驱动发展和经济高质量发展成为大趋势，传统招商方式的不足引发的"内卷"和不公平竞争问题，直接影响地方经济健康发展与民生改善，再加上国家政策调整和全球地缘政治环境深刻变化带来的多重变化，传统招商的效能降低，"税收优惠"和奖补让利式的招商引资模式愈发动力不足。

我们必须承认，一个新招商时代正在走来，我们要直面传统招商的困境和挑战，打破旧有逻辑，用"告别过去"的心态来一场招商范式的大变革。

任何事物的变化，都能从历史回顾中窥见线索，招商工作也不例外。2000 年后，中国的招商引资经历了大致三个阶段。这种变化背后，恰恰隐藏着中国产业逐步升级的演进历程。

第一阶段：以轻工业品为主的外资招商阶段

随着 2001 年中国加入 WTO，融入世界贸易体系，外资大量进入中国市场布局自己的产业链和供应链，各地政府主要通过税收优惠和基础配套设施吸引外资企业的FDI（外商直接投资），并对外资企业给予"超国民待遇"。在这个阶段，招商引进的多数产业尚处于起步阶段，以制造加工等生产型企业为主，总体处于全球价值链低端，如轻工业品、鞋帽、纺织、自行车行业。也正因为这个阶段是外资主导型的招商，当时的招商单位都叫"外资局"而非招商局，这也成为很多老招商人的时代记忆。

第二阶段："内外兼修"的产业招商快速发展阶段

这个阶段的招商从招外资为主转向"内外兼修"，既有内资招商，也有外资招商。招引的产业对象从原来技术含量和附加值较低的产业，转向具有一定技术领先优势和较高附加值的产业，如机电产品、医疗器械、工程机械等。各地在继续通过优惠政策推动招商引资的同时，开始注重营商环境的打造和长远规划，在政府五年规划和三年行动计划中也更注重产业战略高地的建设。在这个阶段，资本和人力资源的重要性开始凸显。一方面，政府意识到不仅要招项目，更要招人才。另一方面，2014年后政府引导基金在全国遍地开花，通过政府基金撬动社会资金进行招商。总体来看，这个阶段的土地供应和其他资源要素供给比较充足，逐步重视招引项目的环评和污染物排放等方面的要求。

第三阶段：环境倒逼下的"内卷式"招商阶段

2019年以来，外资下滑明显，国际高端要素和项目招引的难度加剧，招商对象开始变化，倒逼各地政府进行转型，国内企业和创

第一章 | 重塑逻辑：从"招商"到"造商" |

新型人才团队成为招商的主力对象。比如，半导体进口被封锁后，国产替代成为主流，各地纷纷面向国内集成电路企业和科研团队进行招商。当然，这种倒逼型招商必然导致一个趋势，那就是激烈招商竞争引起的"内卷"。

传统招商工作到了今天，面临着四大挑战，见图1-1。

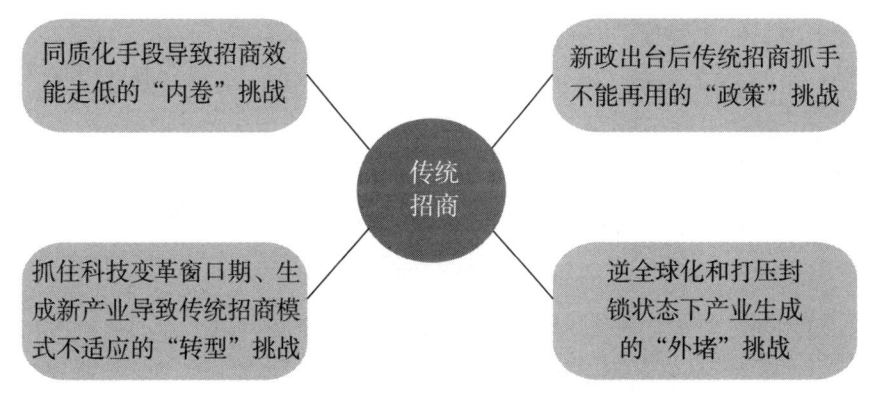

```
同质化手段导致招商效              新政出台后传统招商抓手
能走低的"内卷"挑战               不能再用的"政策"挑战

            传统
            招商

抓住科技变革窗口期、生            逆全球化和打压封
成新产业导致传统招商模            锁状态下产业生成
式不适应的"转型"挑战              的"外堵"挑战
```

图1-1　传统招商面临的四大挑战

挑战一：同质化手段导致招商效能走低的"内卷"挑战

近年来，以"奖补税返"政策比拼为主的同质化招商方式使招商难、招商贵的问题突出，不仅政府难以承受，还让企业的动作变形，最终难以达到双赢。

首先，高代价招商日益增多，政府不堪重负。

地方政府为竞争好项目，经常以极高代价把项目引进来，与其他城市间的竞争达到白热化程度。某中部省份的一家产业园区将税收返还比例提高到80%，旁边园区立刻提到85%，最终演变为一场补贴优惠大比拼。这种非良性竞争往往带来"囚徒困境"。一些地方政府为吸引企业提供过多的优惠政策和补贴，不仅没能招龙引凤，个别投机型的"候鸟企业"反而通过不断迁址获利。一位西部地区软件园的负责人说："园区当年招引进来的30多个外部项目，3年合同期满后走了90%，都是看着优惠政策结束就撤了。"此外，由于前期情况了解不足、判断失误、营商环境及项目本身运营等原因，很多项目的"造血"功能不足，一直难以产生效益。

某国家级高新区负责人就曾感叹："现在项目方的要价太高了，即便落户到我们这儿，对我们当地的经济贡献也有限。但是不招，又没有合适的项目。"于是，为完成指标，不少产业园区引入低端和高污染、高能耗产业，但很快就因环保整治而集体关停，园区不但经济损失严重，而且修复生态需要花费更多年时间。

其次，政府过度承诺无法兑现，失信频现。

过去，地方政府常常依靠依赖土地、税收优惠等政策"大礼包"吸引企业，为争夺好项目众多地区压低地价、让渡税收，甚至承诺一些超出自身承受能力的条件，最终无法兑现导致失信。一位海归博士就曾这样吐槽：某地区当初承诺的设备采购补贴因各种原因只兑现了一小部分，使得自己无法开展正常的研发活动和生产经营。不顾实际情况的过度承诺，最终只会导致政府和项目"双输"的结果出现。

再次，同质化招商导致盲目扩张和重复建设。

传统招商经常出现"追风口"现象，一些地方不顾自身产业资源和配套能力有限，大手笔投资时髦赛道，导致项目重复建设、产能过剩，北方某地级市不顾本地产业实际情况，大规模投资建设标准化厂房,最终导致 4 个园区中有 3 个无人问津、杂草丛生,空壳化严重。

这会造成资源浪费,还会导致不同地方之间相互"挖墙脚",使得企业流动性增大,区域产业发展缺乏稳定性。此外,还有一种情况,即地方政府对项目把关较松、筛选不严,导致招引大量与主导产业本身发展关联性不大的项目,质量良莠不齐。这种"撒胡椒面"和"捡到篮子里都是菜"的心态,会带来长期的不良影响。随着各种要素成本越来越高、资源越来越稀缺、土地开发强度越来越高,如何提升要素边际产出,提高招商效能,是摆在所有地方政府面前的时代难题。

最后,企业借招商牟利,背离招商初衷。

政府招商为吸引企业落地,通常会采用较低的工业地价的办法。然而,有的企业却利用这一价格洼地优势,利用一、二级土地市场的差价在市场上牟利,本来该发展的主营业务被弃之一边,背离了政府招商引资的初衷。另外,有的企业因经营不善导致土地利用效率低下甚至闲置,产能、税收不达标,同样是在浪费稀缺的产业资源。以至于出现一种现象:一边是各地招商比拼到"内卷",一边是招来的项目无法产生预期收益。

挑战二:新政出台后传统招商抓手不能再用的"政策"挑战

党的二十届三中全会通过了《中共中央关于进一步全面深化改革、推进中国式现代化的决定》(以下简称《决定》),《决定》提出:"规范地方招商引资法规制度,严禁违法违规给予政策优惠行为。"

从 2024 年下半年到 2025 年上半年，国家连续出台新政规范招商行为，使得各地政府惯用的招商抓手不能再用。

2024 年 7 月 30 日，中央政治局会议指出"要强化行业自律，防止'内卷式'恶性竞争"。

随后，国务院办公厅发布《关于规范招商引资行为促进招商引资高质量发展的若干措施》（国办发〔2024〕28 号），《公平竞争审查条例》（国令第 783 号）也于 2024 年 8 月 1 日正式施行，要求"促进市场公平竞争，优化营商环境，建设全国统一大市场"。《公平竞争审查条例》第十条明确提出，起草单位起草的政策措施，没有法律、行政法规依据或者未经国务院批准，不得含有下列影响生产经营成本的内容：

——给予特定经营者税收优惠；

——给予特定经营者选择性、差异化的财政奖励或者补贴；

——给予特定经营者要素获取、行政事业性收费、政府性基金、社会保险费等方面的优惠；

——其他影响生产经营成本的内容。

上述条例给地方政府招商工作带来深远影响，招商团队下一步该何去何从，原有"给资源、给土地、给市场、给税收、给补贴"的招商逻辑该如何调整，招商手段该如何创新，招商效能该如何提升，如何做到既要适应新政策要求，又保证招商工作连续有效推动而不出现大的波动，无疑是对地方政府的新考验。一位北方高新区招商部门的基层干部曾忧心忡忡地说："现在各地政府招商部门的人都很焦虑，不拼优惠拼什么，下一步该怎么办，大家都在找路。"

此外，新政的实施对欠发达地区的影响可能更大。比如，西部高新区和经开区在条例实施后，传统的税收优惠、土地手段不能用，单纯靠资本和营商环境都比不过发达地区，怎么办？如何找到自己的比较优势和可能的切入点形成新的招商策略，同样是个新挑战。

2025年1月7日，国务院办公厅印发《关于促进政府投资基金高质量发展的指导意见》（国办发〔2025〕1号，以下简称一号文），系首次由国家层面出台的促进政府投资基金发展的重要文件。一号文指出"不以招商引资为目的设立政府投资基金"，同时明确规定，按照投资方向，政府投资基金主要分为产业投资类基金和创业投资类基金，鼓励创业投资类基金采取母子基金方式。这对当前业内十分火热的"基金招商"模式产生了深远影响。事实上，我们认为这恰恰为众多政府（母）基金指出了一条新路，即从产业孵化、培育和壮大的角度投资科创项目，拼产业生态、拼服务质效，辅之以其他手段推动产业的生成，才是根本解决之道。

挑战三：抓住科技变革窗口期、生成新产业导致传统招商模式不适应的"转型"挑战

全球科技变革带来了巨大战略机遇，在科技快速迭代的背景下，传统招商引资模式在应对新兴产业培育和产业生态重构方面显得力不从心。

一方面，传统招商模式的重点是成熟项目的扩量上规模，很难适配创新项目和科技型企业对技术迭代、高端人才、产业链协同等长期要素的需求。比如科技驱动的产业（如新材料、航天航空、人工智能等）对高端人才和核心技术依赖性很强，传统招商缺乏对技术转化平台和产学研协同机制的建设，项目落地后难以突破"卡脖子"技术瓶颈。再比如，很多地方为了争夺一个成熟大项目而将大量宝贵的产业资源投入其中，却忽视了对产业升级和培育新兴产业更有价值的初创科技项目，实际上削弱了产业升级的自主性，难以形成本地产业的可持续竞争力。

另一方面，传统招商存在产业定位模糊的问题，主要源于"大而全"的产业布局，既没有考虑本区域的产业基础设施和资源禀赋，也没有突出本区域特色。比如，西部不少欠发达地区前些年蜂拥上马航天航空、人工智能、区块链等项目，但由于缺乏产业基础和产业配套，很快就无以为继。

机遇稍纵即逝，如何利用全球科技革命的战略机遇窗口期，结合自身情况，聚焦于未来产业、战略性新兴产业和传统产业的深度改造升级，打造具有地方特色的产业，是各地政府在招商引资中应该思考的头等问题。

挑战四：逆全球化和打压封锁状态下产业生成的"外堵"挑战

传统招商发挥巨大作用的一个重要利好是全球化，各类资源的开放流动和宽松的贸易环境，使得境内外的技术、项目和产线可以快速引入国内落地，加上中国的劳动力、市场和产业配套优势，中国产业得以迅速成长壮大。随着逆全球化趋势、国际环境变化，脱钩断链愈演愈烈。

中国一直在巨大承压和封锁状态下谋求产业的创新转型和升级。面对国际化好项目和高端要素"招不来"、自身产品"出不去"的局面，招商的重点也从国外转向国内，从原来的产业"搬运工"转变为现在的产业"生成者"和产业"创造者"。这给政府招商工作带来巨大挑战：全球化时代的招商重点是引入成熟产业项目在本地实现规模化发展，封锁打压状态下的招商重点则是生成产业、创造产业，两者有根本区别，如何迅速转换招商思维和模式、找到新的抓手提升新时期的招商效能，需要持续探索和总结出一套成功经验。事实上，这也是触动我们三位作者下定决心撰写本书的一大动因。

下面，我们就来看看传统招商和新招商究竟有何不同。

新旧招商的七维全景透视

新招商在底层逻辑上有深刻转变。下面从招商思路、手段、导向、对象、标准、技术、价值这七个维度展开全景透视，把新旧招商的差异展示得明明白白（见图1-2）。

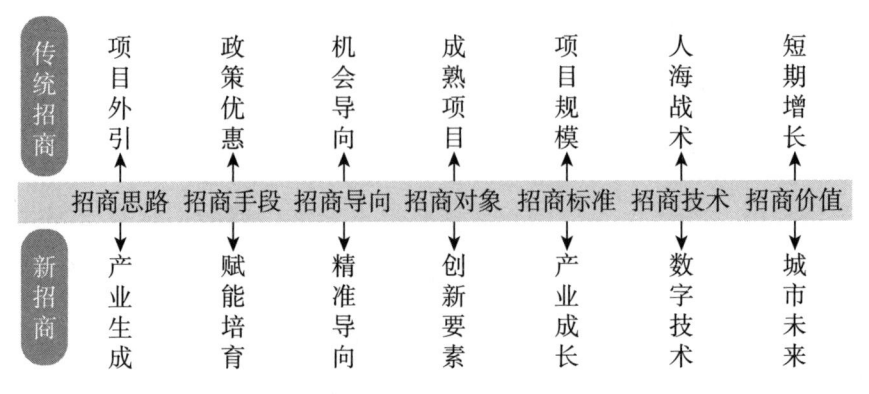

传统招商	项目外引	政策优惠	机会导向	成熟项目	项目规模	人海战术	短期增长
	招商思路	招商手段	招商导向	招商对象	招商标准	招商技术	招商价值
新招商	产业生成	赋能培育	精准导向	创新要素	产业成长	数字技术	城市未来

图 1-2 传统招商与新招商的七维全景透视

第一，招商思路不同。传统招商是"项目外引"思维，新招商是"产业生成"思维。从项目外引到产业生成，招商的基本逻辑发生了变化。

项目外引意味着项目是"外生"的，技术、品牌、产线、产品都是别人的，自己只是一个生产制造中心或来料加工基地，充当了成熟产业项目的"搬运工"角色。比如，各地纷纷招引比亚迪在本地增资扩产建厂就是一种项目外引思路。大项目、大手笔自然能带来短期的高速增长，但通常难以给城市带来持久的产业创新和战略收益原动力。更严重的是，项目外引的本质是对外部存量项目的争夺，各地之间"抢"项目的情况屡见不鲜，既影响了公平竞争，也使招商成本步步升高，难以长久维系。

新招商是一种产业生成式思维，重在招引和孵化有潜力的源头科创项目，通过培育放大使其在本地生成新产业或推动产业升级。新招商不再是对外部产业存量项目的瓜分，而是以招引能在本地生成产业创新增量的项目为主，"创造产业"是终极目标。比如重庆建立了很多本地研究院推动科技成果转化，旨在挖掘培育"长"出好的科创产业项目，而不再是花大价钱从外部引进大项目。因此，新招商是用长周期打造大产业，最终生成新产业、产业链甚至产业集群。

第二，招商手段不同。 传统招商偏重"政策优惠"型手段，新招商侧重"赋能培育"型手段。

传统招商是一种政策导向型招商，偏重用税收返还和奖励补贴等政策措施、手段吸引外部项目落地。正是这种政策比拼的思路，使招商手段严重内卷。新招商则是基于孵化培育和赋能产业的思路，从打通创新链、产业链上的关键要素与关键环节切入，综合运用多种新型手段展开招商，最终呈现产业生成的状态。具体包括六种模式：科技招商、场景招商、内创招商、飞地招商、资本招商、链群招商。

第三，招商导向不同。 传统招商是"机会导向"招商，新招商是"精准导向"招商。

传统招商是在全国甚至全球范围撒开网找项目，机会导向很明显，有一定的"碰运气"成分，运气好了碰到好项目，运气不好就颗粒无收，对项目的产业现状、技术进展、市场潜力、企业痛点等情况的了解并不全面精准。有时为了完成招商指标和任务，只要有项目愿意落地，不管与本地产业结合情况如何，不论是否能带来创新动能，先招进来再说。这种"为招商而招商"的做法显然贻害无穷。

新招商是以生成产业为目标，必须提前做大量功课，结合本地主导产业和新兴产业发展规划，了解产业图谱、赛道现状、关键技术、市场潜力、应用场景、研发团队等情况，采用数字化智能化手段进行精准靶向招商，专业化程度高。

第四，招商对象不同。 传统招商的主要对象是孤立分散的"成熟项目"，产业关联性弱、产业链孤岛明显；新招商的主要对象则具有产业关联性的早期"创新要素"，最终形成合力、生成产业。

传统招商以招引产业化阶段的"成熟项目"为主，这种方式对产业关联性把控不足，招来的是"单点"项目，引入的企业孤立分散，难以形成产业集聚合力，产业生态脆弱。新招商的对象则具有多元化的创新要素，涵盖早期科创项目、创新型企业、创新人才和创业团队，甚至一些领先的科研机构、投资机构和专业服务机构等。所以，新招商的范畴更宽泛，不再聚焦于对产业化成熟项目的争夺，有的地方甚至挖来整个科研团队到本地，迅速培育和吸引产业链上下游相关企业聚合，最终生成一个新产业。吸引来一个团队，就等于吸引来一个新产业，这就是新招商的魅力。有的地方政府吸引大学在本地创办分校，从招商角度看是一种长远的科技投资和产业投资，逻辑相似。

第五，招商标准不同。 传统招商更看中"规模性"，招大、招熟、招产业后端；新招商则强调"成长性"，招小、招早、招科技前端。

传统招商偏重产业化阶段的大型项目，产业成熟、产品稳定，规模性是考量重点，项目规模越大、当期效益越明显，越受政府欢迎。新招商则偏重孵化和成长早期阶段的科技创新类项目，规模虽然不

第一章 | 重塑逻辑：从"招商"到"造商" |

大，但其成长性好、培育新产业的想象力空间大，长期战略效益可观，因此偏重"招小、招早、招科技"（见图1-3）。不同的招商标准，导致不同的招商内涵和路径。

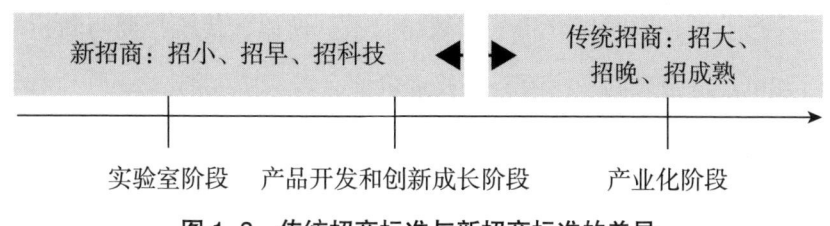

```
新招商：招小、招早、招科技    ◀━━▶    传统招商：招大、
                                          招晚、招成熟

─────────────┼──────────────────────┼─────────────────▶
         实验室阶段    产品开发和创新成长阶段      产业化阶段
```

图1-3 传统招商标准与新招商标准的差异

第六，招商技术不同。 传统招商多靠领导的人脉和招商人员的关系资源，新招商则注入了数字化技术和AI手段。

招商工作往往面临着有效招商线索"难获取"、企业动迁意向"难掌握"、项目引入价值"难判断"的老三样问题。传统招商的解决办法是依靠领导的人脉和招商人员的关系资源去广撒网、碰运气，这种"人海战术"的周期长、偶然性大、综合成本高。以大数据、互联网、人工智能为代表的新一代数字技术正在蓬勃发展，城市的招商工作也正在经历从"物理空间聚合"向"数据价值共生"的范式转变，基于数据资产的数字化技术和智慧化手段大规模应用，正在用更少的成本、更短的时间、更高的精度锁定目标企业，匹配相关资源，提高招商效率和质量。

第七，招商价值不同。 传统招商满足的是城市的"短期增长"，新招商则是为城市"创造未来"。

传统招商对地方经济的贡献立竿见影，引入一个大项目或一家大企业落地能带来地方GDP、就业人数和地方财政收入的快速增长，地方政府基础设施投入增加,但其短视性的缺点也越来越明显。新招商则着眼于城市的创新和未来,看重新兴产业的生成、未来产业的布局和传统产业的深度转型升级,为城市发展开辟新动能,通过主导产业的创新发展获得长期战略收益。所以,传统招商与新招商给城市经济带来的现实收益和长远价值有着本质区别。

产业生成式招商的"金字塔模型"

产业生成式招商,是以打造新质生产力为目标,围绕产业生成的三大维度,打通创新链、产业链关键堵点展开的系统性招商,旨在生成未来产业、战新产业及深度转型升级传统产业,这是政府要下的一盘大棋。产业生成式招商的核心是"产业生成"。要玩转产业生成式招商,必须要搞清楚产业生成的内涵。

在以往的招商认知中,产业项目是从外部引入的,推动外部产业转移到本地或单个大项目落地是一种"想当然"的习惯做法。但是,这种"产业外引"模式有很强的依附性,试想如果外部一直没有好的项目源或项目本身就不带你玩,那招商岂不就成了无源之水、无本之木?好项目永远是稀缺的,凭什么你就有运气拿到这个好项目、大项目?此外,通过产业搬运或转移来的项目对本地资源的根植性弱,产业成长缺乏主动创造性,很容易遇到"天花板"。

反观产业生成式招商,它具备的高根植性、高创造性和高成长性三个特性,恰恰可以弥补产业外引招商的不足,让产业命运掌握

第一章 | 重塑逻辑：从"招商"到"造商" |

在自己手里。

"高根植性"是指政府通过建设自己的产业生态和底盘，让产业的培育和发展壮大，与本地资源、创新人才和生态产生强关联，根植本土培育成长，而不是简单的照抄照搬或空降。"高创造性"是指通过从0到1的方式主动孕育出新的产业，而不是被动接受外部的产业转移。"高成长性"不是指产业规模的简单扩张，而是既有量的扩张更有质的提升，业务规模、创新能力、盈利能力等实现全面成长，核心是为当地带来产业的长期竞争力。

产业生成是一个多维互动的复杂过程，涉及多个要素、多重主体、多种机制。通常来讲，产业生成需要具备八个条件：技术创新、市场需求、生态系统、商业模式、资本助力、跨界融合、政策支持与环境优化。相应地，产业生成式招商也需要用一种系统性思维进行设计和推进，而绝非引入单个项目或转移搬运一个产业那么简单。政府想要成就产业生成式招商、提升新招商的效能，就必须洞悉其背后的"金字塔模型"。

"金字塔模型"的核心要义是：产业生成式招商是一个"1+3"的系统工程，"1"代表城市基础设施（产业硬件基础设施、营商环境软基础设施）；"3"代表产业的三维生成过程，从要素生成（科技要素、资本要素）到空间生成（飞地空间、内创空间），再到生态生成（场景生态、链群生态），由此形成一个"金字塔模型"（见图1-4）。

017

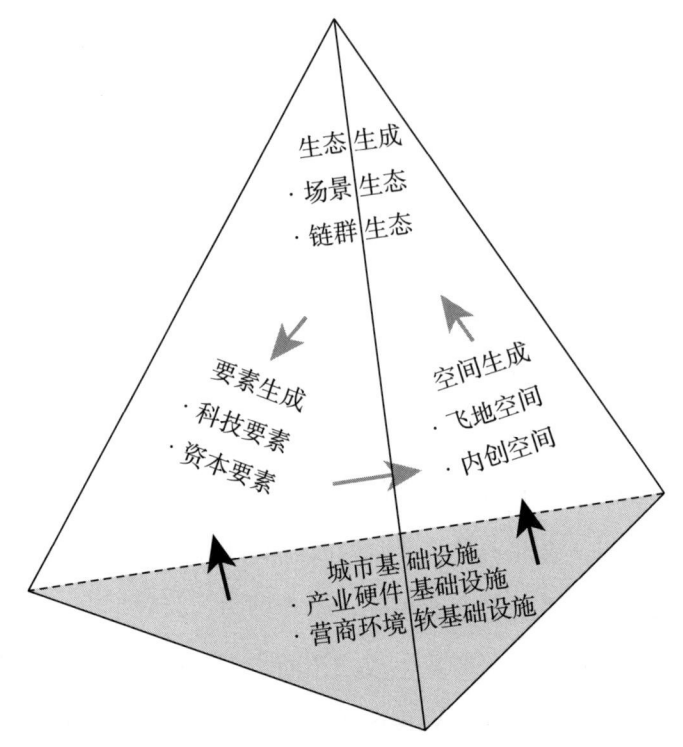

图1-4 产业生成式招商的"金字塔模型"

1. 要素生成（科技要素 + 资本要素）：造产业源头

当前的科创产业生成必须具备两个关键要素：一是科技，二是资本。科技要素是产业的内核和原动力；资本要素则用来打通创新链上的死亡谷、加速产业成长，是产业生成的"加速器"。因此，产业生成式招商通过科技招商和资本招商解决关键要素问题，其中，科技招商的价值在于解决了产业生成的科技原动力难题，资本招商的意义在于解决了产业生成的全程育成资金问题。

如果某个城市在招商过程中，重点通过科技招商和资本招商解决项目来源和产业生成资金的问题,那么这就是一种要素导向的产业生成式招商机制。科教资源相对匮乏但有一定资本实力的城市适合采用这种机制。

2. 空间生成(飞地空间+内创空间):造产业空间

产业生成需要足够的空间载体。随着各城市的土地开发利用强度越来越高,如何解决产业生成的空间难题成为重点。产业生成式招商通过飞地招商和内创招商解决空间问题,其中,飞地招商解决的是产业异地培育和回流的空间问题,内创招商则为产业生成提供了企业内部裂变扩张的解决方案和更成熟的成长空间。

如果某个城市在招商过程中,重点通过飞地招商和内创招商解决产业生成过程中的异地培育和内部裂变扩张与成长问题,那么这就是一种空间导向的产业生成式招商机制。

3. 生态生成(场景生态+链群生态):造产业生态

产业生成需要强赋能的产业生态环境。当前科创项目落地和快速成长迫切需要大量的应用场景机会和完善的产业链、产业集群配套。产业生成式招商通过场景招商和链群招商解决生态问题,其中:场景招商解决了创新项目早期的应用场景机会问题,让产品能够不断试错迭代;链群招商则解决了产业链的强链补链问题和聚链成群的问题,让产业生成的成本效率、过程效能、安全性与竞争力大幅提升。

如果某个城市在招商过程中,重点通过场景招商和链群招商解决产业生成过程中的应用场景机会和产业链配套问题，那么这就是一种生态导向的产业生成式招商机制。

需要指出，不论是要素导向、空间导向还是生态导向这三类机制中的任何一种，或两者的组合，或是三者一起，都构成产业生成式的新招商方式。所以产业生成式招商不只是一种机制，而是政府从本地实际情况和主导产业规划出发对相关机制和方法进行的组合优化。

这里有一个人们很关注、也很困惑的问题，即产业规划与产业招商的关系到底是什么？究竟是先有产业规划，根据规划再去产业招商；还是先有产业招商机会，再带来相应的产业规划；或者产业招商实践和产业规划就是"两张皮"？

实践给我们的答案是：早期的产业招商以机会导向为主，只要能招到好项目、大项目，不论是靠关系还是"碰运气"，都算圆满完成了任务。如今，招商引资变为"规划导向+机会导向"，不再专注于单一的机会导向，而是将产业规划导向与项目机会导向有机融合。尤其是发达地区的招商，对项目质量要求越来越高，要求项目与当地主导产业的关联性越来越大。由此看来，产业规划规定了招商大航道、主方向，机会导向招商则提供了灵活性、机动性。

根据产业生成的全过程，结合其在突破创新链瓶颈中发挥的作用，可以将新招商分为六类具体模式（见图1–5）。

第一章 | 重塑逻辑：从"招商"到"造商" |

解决产业生成的机会痛点 ← 场景招商
解决产业生成的内生乏力痛点 ← 内创招商
解决产业生成中的孵化加速痛点 ← 资本招商

产业生成式招商

科技招商 → 解决产业生成的科技原动力痛点
飞地招商 → 解决产业生成的跨地域痛点
链群招商 → 解决产业生成中的生态痛点

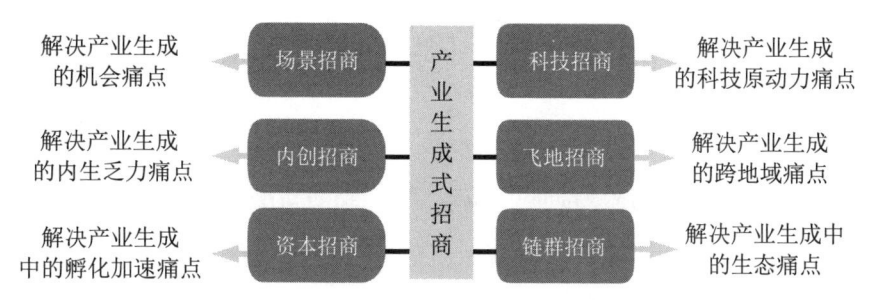

图 1-5　产业生成式招商的六种落地模式

这六种产业生成式招商的落地模式解决的痛点各有不同，可以从对创新链的解构中找到线索。创新链条从基础研究提出原始概念到应用基础研究提供行业场景，再到技术开发和产品的小试中试，最后通过生产制造变成产品或服务到形成商业模式闭环实现产业化。在这个漫长旅程中，不同的招商模式用来解决创新链条中的部分环节或全程痛点问题（见图 1-6）。招商部门领导要想真正理解和应用产业生成式招商，就要始终将创新链作为一个思考的逻辑底盘。

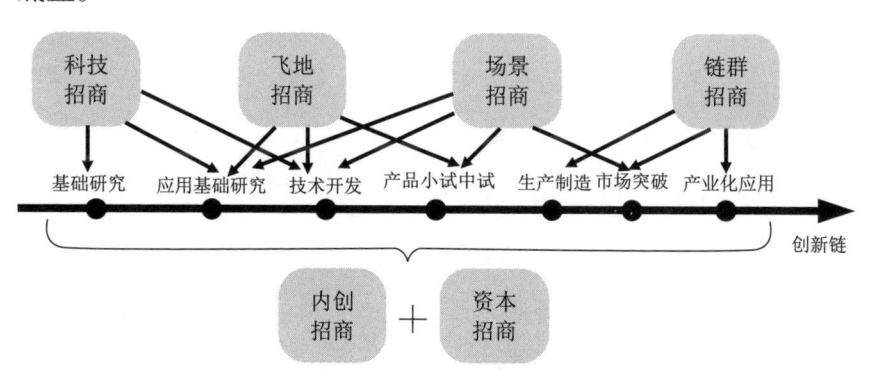

图 1-6　创新链与六种新招商落地模式

下面介绍每类模式的内涵与侧重点。

021

场景招商：从给产业优惠到给产业机会，解决产业生成的机会痛点

场景招商是指政府通过为创新项目或创新型企业提供应用场景和市场机会，从而招引项目落地生成产业的新招商方式。

传统招商的逻辑是为项目提供"产业优惠"，于是各地都陷入拼优惠力度的内卷怪圈。然而，当前创新项目和企业最需要的是市场机会和订单。政策优惠力度再大，没有应用场景和试错机会也是白搭。政府给项目开放场景、创造场景、对接场景，核心是提供机会，这才是对创新项目莫大的支持和"雪中送炭"。场景招商恰恰解决了招商机会的痛点问题。关于场景招商落地的详细内容请见本书第二章。

科技招商：从招产业项目到招科创要素，解决产业生成的科技原动力痛点

科技招商是指以科创要素为主要招引对象，通过科创项目从孵化到产业化全程培育进而生成本地产业的一种新招商方式。科技招商招引的是有巨大潜力的科创要素，注重长期产业育成。

事实上，招商究竟招什么关键要素，是传统招商一直未能解决的问题。科技招商恰恰解决了产业生成中科技原动力的痛点问题，招科技项目、科技团队和科技人才等是关键中的关键。关于科技招商落地的详细内容请见第三章。

内创招商：从产业外生到产业内生，解决产业生成的内生乏力痛点

内创招商是指政府利用本地企业的存量资源，通过支持企业内部创业，在本地孵化创新项目并进行产业化放大，生成产业增量，从而生成产业的一种新招商方式。

传统招商强调向外招商、产业外生，经常陷入对成熟产业项目的抢夺；内创招商强调眼睛向内、动力内生，用内部创业裂变加速生成新产业，新项目成长速度更快、更有产业应用场景。关于内创招商落地的详细内容请见第四章。

资本招商：从单纯补奖到产业入股，解决产业生成中的孵化加速痛点

资本招商是指政府基于投行思维，通过地方融资平台、产业基金等方式入股创新项目或科创企业，用投资加速赋能创新项目的孵化培育和放大过程，最终生成产业的新招商方式。

传统招商的奖励补贴或税收返还等手段不具备资本赋能属性，不仅破坏了公平竞争环境，而且多是"后补助"性质，对项目培育放大和产业生成的价值有限。新兴产业和科创类企业对资本、现金流、股权投资等需求越来越高，资本招商从投资角度切入，变单纯补奖为产业入股，正好击中科创项目在成长放大过程中最迫切的资本需求，解决了资本赋能产业培育的痛点问题。当前主流的资本招商正在转向早期科创项目和优质上市科创公司的"一头一尾"两端，推动产业落地生根。关于资本招商落地的详细内容请见第五章。

飞地招商：从本地产业招引到产业异地育成，解决产业生成的跨地域痛点

飞地招商是指发达地区与欠发达地区的政府打破行政区划限制，通过将资金、项目放到互不隶属的异地园区中，利用各自的优势互补，通过规划、建设、管理和税收分配等合作机制实现共赢和产业生成的一种新招商方式。

传统招商局限于本地区域，重点是把外部好项目招引至本地，比如后发地区承载发达地区的产业转移。但是，它难以实现优势要素资源在两地间的流动与互补。新形势下各种科创要素和创新项目先在外部进行孵化放大，再回流至本地进行产业化，实现跨地域孵化和产业异地育成，催生了飞地招商。飞地招商利用国内生产和创新要素流动、分布拥有的巨大空间和回旋余地，为欠发达地区招商带来新的产业生成和跨越式发展战略机遇，为发达地区带来产业扩张的空间布局和产业链群延伸。关于飞地招商落地的详细内容请见第六章。

链群招商：从招产业到造生态，解决产业生成中的生态痛点

链群招商是产业链招商的升级版，它以"链群耦合"思维重构产业组织形态，其核心逻辑在于纵向延展产业链条与横向聚合产业集群的双向协同，通过各类要素的耦合和功能匹配来构建产业生态网络。

传统产业链招商重在解决产业发展的综合配套成本和产业安全问题，但真正要提升城市的产业竞争力，还必须"聚链成群"打造产业集群。因此，链群招商不仅需要补链、强链，更需要推动产业集群的生成。还需要注意，链群招商容易陷入误区，并不是每个地方都必须补齐链条，而是围绕主导产业、抓住关键环节取得先发优势，在某个细分领域做细做透做强；平均发力无法形成差异化优势，"啥都干了，但最后好像啥都没干"。关于链群招商落地的详细内容请见第七章。

除了以上六种模式外，产业生成式招商还非常仰仗数字化技术和AI工具，在场景数字化展示、绘制产业数据图谱、分析关联企业、寻找对接目标企业、模拟企业入驻场景、精准政策匹配、招后增值服务等方面发挥了巨大的赋能作用。关于数字化AI招商的详细内容请见第八章。

产业生成式招商最终要服务于城市的产业创新发展。那么，两者之间是什么关系？具体来说，产业生成式招商聚焦于产业创新发展的四个阶段，即产业培育（孵化落地）、产业成长（配套生态）、产业壮大（留住不走）、新一轮产业激发（激活存量），辅之以数字化AI手段的强力赋能，让城市的产业创新呈现很强的内生创造和持续成长性。所以，从这个角度看，产业生成式招商是一个产业"培育——成长——壮大——再激发"的循环过程（见图1-7），而不再是传统的单点或一次性招商。也只有这样的新招商模式，才能真正化解当下的招商内卷，提升招商效能，让各地政府走出招商焦虑和迷茫，更让城市产业的发展生生不息。

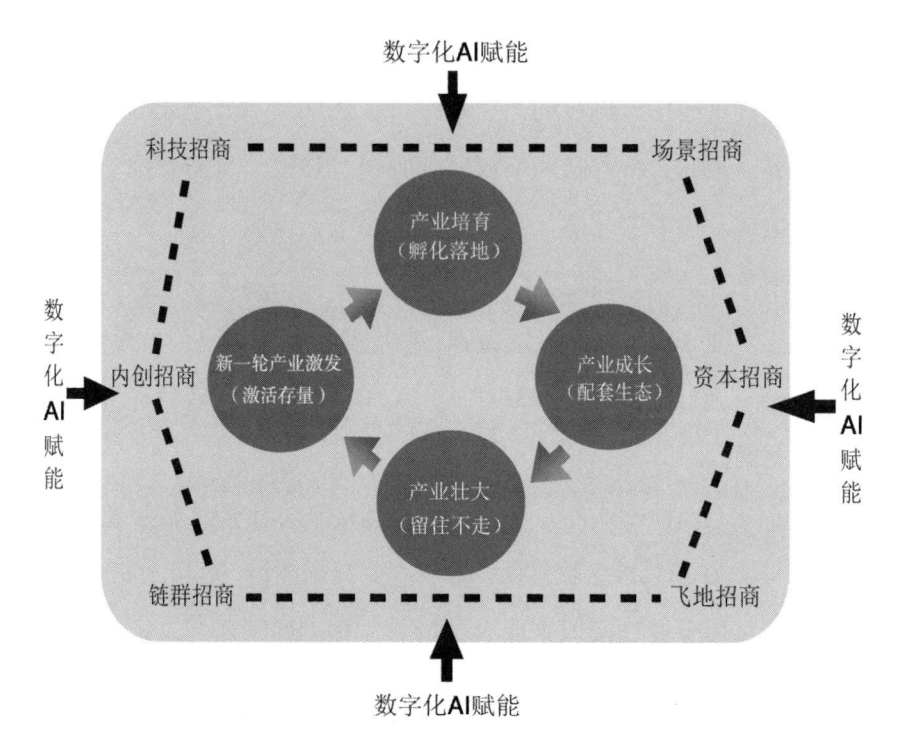

图1-7 产业生成式招商的循环

综上所述，新招商的"三新"跃然纸上：在招商思路上，用"产业生成式招商"替代传统招商；在招商模式上，六种新招商模式因地制宜的灵活组合为城市找到产业发展的新路径；在招商手法上，数字化AI手段的应用将大幅提升产业生成式招商的效能和质量。

第二章

场景招商：机会牵引产业生成

核心观点

- 场景招商的本质是给机会，招引项目落地。
- 场景必须基于真实需求，而不是脱离实际硬造需求的伪场景。
- 场景并不神秘，而是无处不在；只要善于挖掘，它就是一座富矿。
- 场景的供需对接是场景招商的核心环节，这是城市机会与企业能力的一场双向奔赴。

当传统招商团队还在依赖PPT向投资者阐述本地的特色优势时,当招商人员还在辛苦辗转于各类展会现场招揽企业时,一种以应用场景为核心驱动的新兴招商模式——场景招商正在快速崛起。这种招商模式不再是把企业请进会议室看规划沙盘,而是将整座城市变成360度全景展厅,用真实场景取代政策说明书,用创新生态替代税收优惠,让企业家在沉浸式场景体验中看见价值创造的潜力。这不是简单的招商方式转变,而是改变长达几十年的以政策优惠为重点的被动招商逻辑,开辟了以真实需求和机会策源为牵引的招商新航道。这不仅是一种招商活动,还是一场城市与企业的双向奔赴、共生蝶变。

▶什么是场景招商

"场景"一词多用于戏剧和电影,是指特定的场面或情景。在商业和城市规划领域,场景被赋予了新的含义,即应用环境,简单来说,就是产品可使用的环境。对于企业而言,场景即机会,通过识别和创造一个富有吸引力的场景,企业能够洞察消费者的隐性需求,从而提供精准的产品和服务。例如,当一个人在健身房锻炼时,他可能需要运动饮料、健身装备或者健康餐食,这些都是围绕"健身"这一场景的商机。随着技术的快速发展,场景的概念也在不断扩展,比如数字场景、虚拟场景等。这些场景通过互联网和数字技术为用户创造全新的体验,成为新技术、新产品推广应用的"试验场"。例如,增强现实(AR)技术在博物馆的应用,为用户提供了全新的互动体验。这种场景的创造不仅推动了技术的发展,也为博物馆带来了新的观众群体。

所谓场景招商,就是通过创造具有潜力的应用场景来吸引投资的一种招商方式。场景招商的核心在于开放资源、机会和市场,政府在招商中的角色从"给政策"向"给机会"转变。政府围绕新技术、新领域需求,系统梳理并发布具体的场景机会清单,清晰地向企业传递"我们需要什么",吸引那些具备相应技术能力和市场资源的企业参与场景建设。综合来看，场景招商主要有以下几个特点。

第一，场景开放和机会牵引是场景招商的根本前提。

场景招商的前提在于场景开放，包括政府、国有企事业单位的场景开放，以及地方优势场景资源的深度挖掘和利用。这种场景的开放有助于形成更加公平、透明的市场环境，吸引更多投资者和企业参与场景建设，提供具体、明确的市场机会，以场景应用"小切口"加速技术创新和产业应用的对接。例如，2023年杭州开展了场景招商引资模式的探索，将整座城市变成一个巨大的应用场景。以发布"城市机遇"的形式，梳理城市资源开发利用、要素供给、公共产品和服务等信息，发布产业谋划及政策支持内容，旨在让企业全面、准确、及时地掌握杭州的发展机遇，促进城市资源配置效益最大化和效率最优化。杭州发布了人工智能产业创新发展政策及"中国视谷"发展、跨境电商、临床研究和成果转化资源、产业基金集群、城市智慧运维、金融支持绿色产业、临空经济示范区投资发展7个城市机遇。这种做法不仅为企业提供了展示和测试新技术的平台，还促进了相关产业的快速发展和集聚。

第二，供需精准匹配和对接是场景招商的关键环节。

场景招商通过深入挖掘和分析特定场景下的需求，能够精准匹配相应的供给方，实现资源的高效配置。这种模式打破了传统招商中存在的供需双方信息不对称的壁垒，使企业能够更加准确地找到符合自身需求的技术、产品或服务，同时也为技术提供方打开了市场应用的大门。这种精准匹配不仅提高了招商的成功率，还缩短了项目从概念到落地的周期，加速了科技成果的转化。武汉东湖高新区在实施场景招商时，通过构建"靶向指引、全员参与、主题突出"的大招商格局，精准挖掘光谷的场景资源。通过系统梳理场景需求，组织场景设计，并发布场景招商机会清单，举办场景应用对接会等活动，为东湖的企业提供了新技术、新产品的试验场。

第三，优势资源的广泛整合是场景招商的重要支撑。

场景招商通过构建特定应用场景，围绕场景进行资源的有效整合。这种整合不仅包括资金、技术、人才等硬性资源的汇聚，还涉及政策、市场、信息等软性资源的优化配置。通过资源整合，场景招商能够形成强大的合力，提升项目的整体竞争力和吸引力。重庆市通过"三给"（给钱、给场景、给订单）开展场景招商，实现了资源深度整合，构建了产业培育新模式。该模式以"给场景搭平台、给订单促转化、给资金扶创新"为核心，围绕智慧城市、智能制造等领域，精准绘制应用场景图谱，发布场景建设清单，同步配套技术路线图与投资需求库，形成"需求牵引＋技术供给＋市场保障"的完整闭环；通过政府首购、定向订单等机制，有效化解企业技术转化风险，吸引了一批创新主体参与。这种以应用场景为支点的招商策略，正推动重庆从要素驱动向创新驱动跃迁，为内陆城市产业升级探索出新路径。

第四，动态迭代和持续赋能是场景招商的价值体现。

动态迭代的本质在于以数据驱动决策，实现招商策略的快速优化。传统招商模式往往以固定产业规划为导向，而场景招商的动态迭代则体现在通过实时跟踪企业成长数据、产业链变动趋势，动态调整服务内容和方向。例如，某园区创建"企业成长数字画像"系统，根据入驻企业的技术研发进度、市场拓展需求，每季度调整优化场景资源对接策略。2022年，该园区将原定的"泛人工智能"定位细化为"自动驾驶+智慧医疗"双赛道，吸引一批科技企业在该园区设立研发中心，使园区企业年营业收入增长率提升35%。这种动态调整能力使招商载体始终与产业前沿保持同频。深圳开放自动驾驶场景后，迅速吸引800家相关企业聚集，占据全国市场份额的20%。这种爆发式增长的背后，正是场景的动态迭代机制——初期吸引技术型企业验证产品，中期通过市场需求筛选优质项目，后期形成产业生态反哺场景升级。持续赋能强调为企业提供"从孵化到腾飞"的全要素支持，涵盖技术、资本、市场等维度。场景招商的进阶之路，本质是数字化能力与产业服务深度的比拼。动态迭代确保场景招商始终锚定价值高地，持续赋能为企业构建"滚雪球式"成长通道。二者协同形成的正反馈机制，持续提升场景招商的价值。

▶ 常见问题

为何场景招商如此受关注

近年来，场景招商不仅成为社会各界瞩目的热点，更是政府和企业一致认可的招商引资"利器"。那么，究竟是什么让场景招商如此备受青睐呢？深究场景招商兴起的背后动因，关键在于政府、企业、社会三位一体的深层需求共振。

政府层面：破解产业升级与城市治理难题

自《公平竞争审查条例》实施后，传统依靠税收优惠、土地补贴的招商方式受到严格限制，迫使地方探索合规且可持续的新模式。在这样的背景下，场景招商日益受到重视，并推动政府角色发生了翻天覆地的变化。政府从单纯的政策制定者和执行者变成市场机会的"东道主"和企业发展的"战友"，与企业共同探索产业升级与城市治理的新路径。场景招商通过整合资源、开放应用场景，形成"政府统筹＋市场参与"的协同机制。这既符合政策要求，又能创造长期价值，成为替代传统招商的重要选项，成为破解产业升级与城市治理难题的关键抓手。地方政府围绕重点产业精心设计场景，如同精准的"靶向导弹"，定向吸引链主企业和配套项目，大大提高了招商引资的精准性。同时，通过开放公共资源、打造标杆场景项目，城市的吸引力如同磁石般不断增强。合肥可以说是一个以场景开放促进城市发展的典型案例。合肥提出"打造全域场景创新之城"，联动高校院所、创新企业、投资机构等多方主体，汇聚资本、人才、技术等要素，打造共建共享共创的场景创新生态，推进全领域、全市域、全流程场景创新。聚焦新材料、高端装备领域，吸引了500多个国家或地区级项目和100余家独角兽企业。场景招商不仅是招商方式的变革，更是政府治理理念的升华。这种精准招商模式让政府与市场携手共进，减少了资源浪费，强化了产业协同，提升了城市品牌形象，形成"场景招商——产业升级——城市发展"的正向循环，为破解产业升级与城市治理难题提供了新的路径。

企业层面：打开快速成长的机会空间

场景招商可以通过提供技术验证场、产业孵化器等方式，为企业成长提供全生命周期支持。通过政府主导的场景开放，企业可以快速接入真实市场需求，减少企业自行探索市场的时间和资源投入，大幅缩减产品商业化周期。深圳以自动驾驶场景为切口，吸引了800余家相关企业入驻，占全国总量的20%，其核心在于为技术型中小企业提供了从研发到落地的"试验田"。这类场景降低了企业的客户获取成本，使其能专注于产品迭代而非市场开拓。场景招商可以使企业投资从"广撒网"转向"精准投放"。比如，某新能源电池企业通过政府发布的场景清单，发现本地有储能技术应用需求，随即落地投资建设储能示范项目，实现技术快速商业化。

传统招商模式下，企业间的合作松散，难以形成深度协同。而场景招商以具体场景为牵引，要求上下游企业在技术研发、生产配套、市场服务等环节协作，通过资源整合提升整体效率。政府通过开放公共数据、基础设施等资源，为产业链企业提供试验场，进一步放大协同效应。例如，2022年武汉市光谷通过开放自动驾驶测试场景吸引芯片设计、传感器制造、算法开发等企业集聚，形成了完整的智能网联汽车产业链。2024年长沙发布178项应用场景供需清单，涵盖工程机械、生物医药等领域，促成三一重工与本地AI企业合作开发智能施工系统。通过场景验证，三一重工的产品智能化水平显著提升，同时带动配套的软件服务商和零部件供应商的招引，形成了智能装备产业集群。场景招商的本质是"需求驱动型创新"，通过政府主导的供需匹配机制，企业解决了技术市场化难题，可以实现快速汇聚资源，加速成长步伐，实现"技术——市场——资本"的正向循环。

社会层面：提供更加高效便捷的社会服务

数字浪潮下，场景招商正成为撬动社会服务升级的新支点。这种以需求为导向、以场景为载体的招商模式，通过将社会治理与产业发展深度融合，推动智慧城市、便民服务等场景落地，让"科技惠民"从口号变为触手可及的生活体验。在社会治理层面，场景招商构建起多方共治的新格局。三亚的实践堪称典范，这座热带滨海城市以数据安全流通为突破口，在智慧政务、远程医疗等领域设立"创新擂台"。通过"揭榜挂帅"机制，吸引企业同台竞技，既破解了政务系统数据孤岛难题，又让居民在家就能享受三甲医院的诊疗服务。这种"政府出题、企业作答、群众评卷"的模式，实现了技术普惠与社会共治的双向奔赴。民生服务领域正经历着前所未有的数字化蜕变。当白领们在地铁闸机前挥动电子社保卡，当摊贩通过手机完成水电费缴纳，这些日常场景的数字化改造，让每个普通人都能真切感知科技的温度。深圳、杭州等城市更进一步，在政务大厅引入 AI 数字办事员，在校园部署智慧教育系统，使"最多跑一次"升级为"一次都不跑"。这场变革更催生出充满活力的就业新图景。

随着无人机研发、航空救援等场景落地，许多新型岗位如雨后春笋般涌现。曾经面临转型压力的军工人才，如今在三维建模师、无人机调度员等岗位上重焕生机；传统物流从业者经过培训，转型成为智慧城市空中交通管理员。这些变化不仅缓解了结构性就业矛盾，更重塑着城市的人才基因。在营商环境建设方面，场景招商开创了阳光政务的新范式。各地政府定期发布场景需求清单，从智慧停车到社区养老，每个项目都标注清晰的技术标准和验收指标。这种"玻璃房子里的招商"彻底改变了传统政企合作模式。当权力寻租空间被压缩，企业家的精力真正回归到技术创新，公众对政府的信任度也随之攀升。

场景招商本质上是政府治理模式、企业创新路径与社会需求升级的协同演化产物。政府通过统筹资源降低制度成本，企业借助场景加速技术转化，社会获得更高效的公共服务，三者形成"需求——供给——反馈"的闭环。未来，随着 AI、低空经济等新场景的扩展，这一模式将更深层次重构产业生态，成为高质量发展的核心引擎。

有哪些可用于招商的目标场景

了解场景招商的基本特点后，对于一个招商引资团队来说，挖掘应用场景就显得尤为关键。实际上，一个城市或园区的应用场景非常丰富，可以说是无处不在，只要用心挖掘，场景就是一座潜藏的"富矿"。那么，到底有哪些应用场景可以开放给投资者呢？主要包括以下几个方面（见图 2-1）。

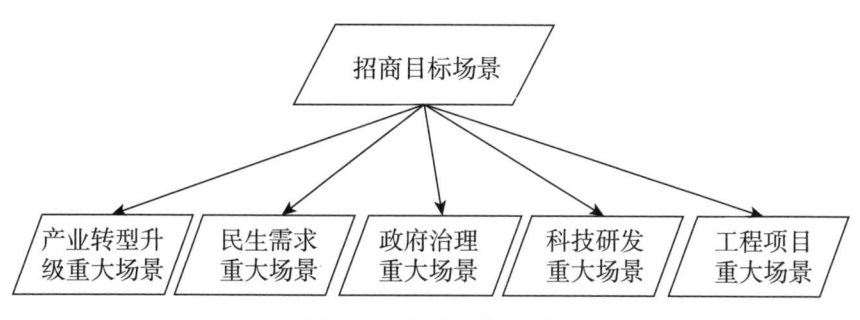

图 2-1 招商目标场景

招商目标场景
- 产业转型升级重大场景
- 民生需求重大场景
- 政府治理重大场景
- 科技研发重大场景
- 工程项目重大场景

产业转型升级重大场景

我国正在加速推动高质量发展，各地方都面临产业转型升级的迫切需求，围绕制造、农业、物流、金融、商务、家居等重点行业的高端化、智能化和绿色化发展，可以拓展许多重大应用场景，为投资者和创业者提供巨大的成长空间。比如，在制造业领域，数字技术与制造业的深度融合正在催生更多的新场景。工业大脑就是制造业升级的一个典型场景，通过建设工业大脑，可以对生产过程进行实时监控、优化管理、动态决策。机器人协助制造是一个通用场景，通过机器人在制造业中的应用可以完成重复性高、危险性大的工作，大幅提高生产效率，保障安全性。机器视觉检测是一个重要场景，利用机器视觉技术能够对产品缺陷等进行快速、准确的检测，提高产品质量。设备互联管理也是一个可以大力拓展的场景，通过物联网技术，实现设备的互联互通和远程管理，可以实时监控设备的运行状态，及时发现和处理故障，减少停机时间。例如，2024 年湖南钢铁集团联合华为、湖南移动开发了钢铁行业专属大模型，将

300多个人工智能应用场景落地于钢铁生产全流程，覆盖炼钢、轧制、质检等环节。通过AI优化生产参数，降低能耗并提升产品质量。这一场景开放策略不仅吸引了华为等科技企业参与，还推动了传统钢铁制造业的智能化升级。在农业领域，以物联网、人工智能、5G等技术为核心的智慧农业场景已成为农业转型升级的关键。例如，苏州市吴江区通过建设无人农场，实现水稻种植全程机械化与智能化管理；同时升级苏太智慧牧场管理系统，实时监测牲畜健康和环境数据，提升养殖效率。

民生需求重大场景

在场景招商中，民生领域是政府开放应用场景的重点方向之一，其核心在于通过技术赋能提升公共服务效率、优化生活品质，并同步推动产业创新。

医疗领域是场景开放的"高频赛道"，典型场景包括AI辅助诊疗、医学影像分析、远程问诊等。例如，2023年银川市开放了语音辅助诊疗、人工智能医学影像分析等场景，推动三甲医院与基层医疗机构的数据互通，提升诊断效率。安徽省将智慧医疗纳入重点开放领域，通过场景招商吸引企业开发智能问诊系统和慢性病管理平台。这类场景不仅缓解了医疗资源紧张，还为AI企业提供了真实数据验证和商业模式落地的机会。

教育场景创新聚焦教育公平与个性化学习。贵阳市发布智慧教育场景需求，探索区块链技术在教育资源确权与共享中的应用。

人口老龄化催生养老场景创新。重庆市在民生服务领域推出适老化改造场景，联合企业开发一键呼叫、跌倒监测等智能终端。某地方引进一家科技企业开发智能养老监护系统，通过可穿戴设备实时监测老人心率与活动轨迹，2024年成功预警突发疾病事件1500余次。这类场景兼具社会价值与商业潜力，推动养老产业从"人力密集型"向"技术驱动型"转型。

政府治理重大场景

政府通过开放治理场景不仅能够提升城市管理效能，而且能为企业提供真实的市场机会。

聚焦政务服务的智能化升级，政府可开放智能审批、身份认证、市场监管等场景。例如，2023年安徽省围绕数字政府建设，在智慧政务领域推出智能预约、智能监管等应用场景，企业可提供区块链存证、AI审批等技术方案，直接参与政府数字化转型。北京市将人工智能、区块链等技术嵌入政务流程，开放场景吸引头部科技企业参与"十百千"应用场景工程，推动"一网通办"向"一网智办"跃迁。深圳市则通过开放城市应急指挥系统场景，吸引无人机企业参与抢险救援演练，既检验技术可靠性，又培育出亿航智能等低空经济领军企业。

自动驾驶、智慧停车等场景成为地方政府竞相开放的领域。2024年，深圳市开放全域自动驾驶测试道路，吸引小鹏、百度等800家企业入驻，相关投资占全国的20%，构建起涵盖激光雷达、高精地图的完整产业链。重庆渝中区更是将智能网联技术融入社区微循环公交，通过"生活化场景"展示技术实用性，成功招引40

余家智慧交通企业。

在"双碳"目标的驱动下,政府开放环境监测、污染治理等场景需求。无锡市发布低空应用场景清单,开放37个环保监测点位,吸引无人机企业开展$PM_{2.5}$立体巡查,既提升治理精度,又催生"环保＋低空经济"融合业态。

应急救援、交通巡逻等场景成为招商热点。合肥市已试点用无人机集群进行电力巡检,单笔订单超亿元。上海市发布7大领域20项重大场景需求,其中低空物流配送场景吸引顺丰、京东布局区域性枢纽。

政府治理场景的开放,本质上是将城市作为"开放式创新实验室"。通过制定场景清单、建立动态发布机制、强化订单保障,政府能够精准引导企业参与治理创新。未来,随着数据要素流通机制完善和政企协同深化,场景招商将加速治理能力现代化与新兴产业集聚的双向奔赴,为地方经济高质量发展注入澎湃动能。

科技研发重大场景

重大科研活动不仅是科技创新的重要引擎,还是场景招商的黄金机遇。重大科研活动汇聚了顶尖的科研团队、先进的实验设备和前沿的研究课题,这些要素构成了独特的场景价值。开放科研场景能够加速科技突破,有效促进成果转化,推动产业升级,实现多方共赢。

在基础研究领域,如数学、化学、地学和材料科学等,开放实验预测、数据建模等场景,并引入人工智能技术,可以加速重大科学问题的突破。

在生物医药领域，新药研发过程中的临床试验场景为医药企业提供了真实的应用环境。合肥市开放基因测序平台，吸引企业参与癌症靶向药物研发，形成了"技术研发＋临床验证"的协同模式。这种模式不仅加速了新药研发的进程，还降低了企业的研发成本。

此外，多地通过搭建概念验证中心、成果转化平台，开放大型科研设备共享，为企业提供了更多的创新机会。例如，成都市未来场景实验室支持企业使用超算中心进行新材料分子模拟。这种模式不仅提高了科研设备的利用率，还为企业提供了低成本的创新环境。泉州市南翼国家高新区开放 IBT 生物智能芯片中试场景，吸引企业验证芯片在医疗影像诊断中的性能，推动研发周期缩短 30%。中车研究院（青岛）试验与试制中心通过开放工业人工智能、激光熔覆与强化技术、新材料和新工艺等方向的中试能力，为成果转化打通了"最后一公里"，并为产业化奠定了坚实基础。

工程项目重大场景

在国家和地方重大活动及重大工程中，开放重大场景用于招商已成为推动产业升级和经济发展的新引擎。这些场景不仅为企业提供了广阔的市场空间，也为新技术、新产品提供了"试验场"。

在国家和地方的重大活动中，如进博会、服贸会、亚运会等，已开放了一系列具有吸引力的招商场景。例如，杭州亚运会期间，人工智能技术深度融入赛事全周期管理，构建了全球首个"智能亚运"系统。赛前筹备阶段，通过数字孪生技术对 50 多个竞赛场馆进行 3D 建模，实现人流、物流的智能仿真预演，优化安防资源配置。赛时运营中，自动驾驶接驳车在奥体中心提供全天候服务，智能机器人承担场馆消毒、物资配送等任务，人脸识别系统实现"一脸通行"的快速安检。更创新的是，通过复眼摄像技术捕捉运动员动作数据，结合 AI 算法实时生成多视角比赛画面，为观众提供沉浸式观赛体验。这些场景的开放，不仅提升了赛事的运行效率，还为相关企业提供了展示和验证新技术的机会。

在重大工程中，如交通基础设施建设、智慧城市项目等，也开放了众多招商场景。例如，在港航设施领域，天津港全球首个"智慧零碳码头"堪称典范。通过 AIoT（人工智能物联网）技术整合无人集卡、智能闸口、自动化岸桥等系统，集装箱作业效率提升 26%，能耗降低 17%。2024 年，广西在平陆运河、沿边临港产业园区等重大项目建设中，开放了绿色化工、新能源材料、装备制造等应用场景，吸引了中石油、华谊、恒逸等行业龙头企业落户投资。这些场景不仅为企业提供了市场机会，还推动了区域产业集群的形成。

如何防止"硬造"伪场景

硬造场景是指脱离实际市场需求或技术可行性，通过人为设计、政策推动或资源堆砌强行构造的应用场景。这类场景往往缺乏真实的用户需求支撑，与产业发展规律脱节，导致技术产品与场景需求匹配度低，最终难以实现商业化落地或可持续运营。硬造场景主要有以下几个特征。一是需求虚构性。以技术供给而非市场需求为出发点，例如，为推广某类 AI 算法而强行定义城市治理场景。二是生态割裂性。缺乏产业链上下游协同，如某地方政府为吸引无人机企业落地，未同步规划低空管制、能源补给等配套场景。三是成本失衡性。过度追求技术先进性而忽略经济性，例如，某智慧农业项目中传感器精度达到工业级，但实际农田环境只需基础监测功能。

那么，如何防止硬造应用场景呢？这需要建立相应的针对性机制，才能仔细甄别，去伪存真。一是建立需求验证机制。可以建立"需求清单"与"供给清单"的交叉验证机制，提高技术与场景的适配度。合肥市场景创新促进中心通过交叉验证，明确新能源汽车电池回收场景需要视觉识别＋机械臂解决方案，而非盲目引入区块链技术。此外，还可以对场景进行分级，贵州省"东数西算"枢纽建设经验将场景按战略价值、技术成熟度、市场容量三维度分级。云上鲲鹏针对智慧医疗场景推出相应解决方案时，优先满足三甲医院影像分析等刚需场景，而非强行拓展至基层诊疗全流程。二是建立生态协同机制。加强各方力量协同，完善相关配套设施，可以形成更加优化的场景生态。北京市将场景能力分解为基础设施、数据资源、政策配套等 12 项指标。在北京某公园场景建设中，同步部署 5G 基站、边缘计算节点和高精度地图，降低企业接入成本。三是建立动态优化机制。需要对相关场景进行动态监测，对效果不及预期的场景及时优化调整。某市建立场景项目全生命周期监测平台，对投入产出比连续 6 个月低于一定比例的场景启动黄灯预警。某智慧养老项目因日均使用率不足15%，及时调整为社区健康监测专项场景。防止硬造场景的核心在于建立"需求发现——技术匹配——生态培育——价值验证"的闭环体系。未来场景招商应更多采用"需求众包""场景路演"等市场化手段，让企业从"政策寻租"转向"机会竞争"，真正激活场景创新的原生动力。

场景招商要不要设立专门的机构

场景招商是城市发展的一盘棋，既要谋篇布局，又需握指成拳。目前，各类场景资源大多分散在城市和园区管理的各个方面，有必要建立强有力的组织机制，加强场景资源的统一规划和协调配置，形成"政府搭台、企业唱戏、生态共舞"的协同机制，这是有序开展场景招商的重要保障。不妨来看一些代表性城市的做法。

2024年合肥市坚持统筹全市场景创新资源，构建"大场景"工作格局，是国内场景招商的早期探索者。合肥市建立统一场景创新决策指挥体系，安排1名市委常委专职负责，统筹科技产业创新与场景创新深度融合。在合肥市发展改革委设立场景创新推进处，把场景创新放在与新兴产业同等重要的位置。成立了合肥场景创新促进中心，通过市场化、生态化的运行机制，围绕科技创新、产业发展、城市建设等方面，开展为产品找场景、为场景找产品的"双找"工作。组织高科技企业开展场景打磨会，链接多领域专家资源开展交流，帮助企业找到技术应用"切口"。建立场景实验室，以龙头企业为主体，牵引场景上下游资源，通过联合开发、测试验证、应用采购等方式实现新技术、新产品、新场景的应用采购新模式。场景实验室按照"1+X"工作体系运行，其中"1"代表场景实验室的牵头单位，即产业链龙头企业；"X"代表场景实验室联合申报单位，包含与牵头单位具有协同互补效应的上下游企业、高等院校、新型研发机构及其他具备独立法人资格的组织机构和能力建设单位（优先选择科大硅谷片区内的科技型中小企业或科大赋权企业）。

北京2019年出台了《加快应用场景建设推进首都高质量发展的工作方案》，成立全市加快应用场景建设统筹联席会，由北京市科学技术委员会、中关村科技园区管理委员会等多个部门牵头，协同25个部门和16个区共同推进场景创新工作，形成场景创新的"一盘棋"。市区两级分类、分层推进应用场景建设。市级部门抓好人工智能、5G、区块链、城市科技、政务科技、科技冬奥等重点领域，率先开放市财政资金支持建设的重点项目和工程；各区抓好智慧城市、城市科技、政务科技等方面技术和产品在本区的面上应用。

青岛2021年率先启动场景应用实验室建设，截至2024年，分5批次认定各类应用场景实验室110家。无锡正加快组建场景应用促进中心，整合资源推出特色化的标杆示范场景，依托场景组织高水平供需对接活动，推动"概念"产品率先应用于本地、应用于公共空间，加快创新成果向现实生产力转化。

尽管成立场景应用促进中心这样的专门机构在资源整合与专业化运作上优势显著，是部分城市提升招商效率的重要选择，但这并不是场景招商的必要条件，也并非唯一路径。部分城市虽然没有设立专门机构，但是通过政府部门的主动策划与市场化主体的协作，同样能实现场景开放与资源的高效匹配。

如何促进场景供需精准对接

供需对接是场景招商的核心环节，是机会与能力的"双向奔赴"。通过发布场景清单，组织各类对接活动，推进场景"双找"工作，即围绕"为产品找场景、为场景找产品"目标，实现全领域、全市域、全流程的场景创新。

发布场景清单

发布场景清单是场景招商的起点，通过梳理和公开区域内可利用的场景资源，为潜在投资者和企业提供明确的市场机会。这一过程需要政府和相关部门深入调研，挖掘本地产业、基础设施、公共服务等领域的潜在应用场景，形成系统化的清单。场景清单的发布不仅是信息的公开，更是向市场发出的招商信号，能够吸引相关企业主动对接，推动新技术、新产品在本地落地应用，促进产业升级和经济发展。场景清单可以分为两类：一是场景机会清单，主要指政府部门、国有企事业单位、行业龙头企业等场景机会业主方，围绕科技创新、城市治理、社会民生、产业升级发展中的真实痛点问题、真实需求所释放的单项或多项新技术、新产品验证应用的场景机会汇总；二是场景能力清单，主要指企业及高校院所、新型研发机构等场景能力供给方，所具备的新技术、新产品及相应解决方案的汇总。

合肥市建立了"五有四非"场景遴选标准（愿开放、可落地、有资源、好推广、能带动，排除政府基建、采购、信息化和企业研发项目），已全面开放企业生产、城市建管、社会民生三大领域的100个场景机会，促使"能力供给"与"机会需求"双向奔赴。合肥市围绕创意性、社会性、前沿性、便捷性、成长性五大要素，识别有价值的场景，通过系统打磨提升场景匹配市场能力，让场景有"潜力"，更有"实力"。比如：通过为帮助云玺量子的"智能印章用印审批"场景提供打磨服务，使之更加符合市场需求，目前已与碧桂园、钉钉等企业签署多个千套智能印章大单。

广西在场景创新建设方面，积极向各相关部门、各设区市征集场景清单，滚动征集、梳理、发布场景创新，定期发布"机会清单"和"能力清单"。经过面向社会广泛征集和多次专家论证咨询，广西发布了第一批场景清单。其中"机会清单"共4个，分别涉及氢能应用、数字政府基础底座场景应用、平陆运河船舶智慧化、智慧口岸场景应用等领域场景；"能力清单"共16个，分别涉及重大工程、数字政府、数字社会、数字产业、传统产业升级、新兴产业等领域场景。

开展场景供需对接

政府搭建供需对接平台，联动企业、高校、科研院所、投资机构等多方主体，通过场景项目说明会、场景供需对接会、场景路演等多种形式促成合作意向。通过这些举措，既能加速场景落地，提高招商效率，又能推动产业生态的协同发展、良性循环。

举行场景项目说明会，侧重于系统性介绍场景机会，通过政策解读、目标阐释和技术要求说明向企业展示区域资源优势、产业需求和合作机会，降低信息不对称，引导企业参与场景建设。会议通常围绕一个核心主题或场景展开，如新产品使用场景、项目实施方案场景等。相关人员会通过演示文稿、视频、实物展示等多种方式，详细介绍场景的背景、构成要素、运作流程及预期效果等。参与者可以就该场景进行提问和讨论，以便更全面地理解场景细节及其潜在影响。场景项目说明会的目的在于确保所有相关人员对特定场景有统一、准确的认识，为后续的工作开展或决策制定奠定坚实基础。如合肥市发展改革委会同市场景专班定期召开合肥市重点局建设项目场景应用创新沟通交流会，旨在发挥政府示范引领作用，推动合肥市重点局场景资源释放。深圳龙岗区定期举办场景项目说明会，发布场景清单，开展政策解读，每类场景配套专项工作方案，将政府对场景的支持具象化为可操作的行动指南。

场景供需对接会是促进场景需求方与供给方直接沟通与合作为目的的活动，其核心在于通过精准匹配供需双方的需求与能力，推动新技术、新产品的落地应用。场景供需对接会更注重供需双方的直接交流与合作洽谈，活动形式包括现场对接、项目展示、技术交流等。2024年湖南省举行先进制造业应用场景对接会，以场景开放推动招商引资、集聚产业资源、促进产业升级，打造一批可示范、可体验、可推广的先进制造业应用场景样板。组织系列"一对多""多对多"等应用场景供需对接活动，举行了4场专题对接会，分别围绕新一代数字技术、"工业互联网+"、长沙打造全球研发中心城市和"数据要素×绿色低碳"等主题举办。通过场景供需对接活动，加速推动一批新技术、新产品在湖南找到具体的应用场景，逐步形成政府、企业、科研院所、投资机构、场景专业服务机构协同合作的场景创新生态。

场景路演是一种通过公开演示、介绍和展示场景项目吸引潜在合作伙伴、投资者或技术提供方的活动。路演通常由场景需求方或技术供给方主导，重点在于展示项目的可行性、技术优势和市场潜力。浙江省组织数字社会"揭榜挂帅"路演，中榜单位围绕拟实施的改革举措和解决的堵点难点进行汇报。合肥市新型储能专场路演创新采用"技术演示+专家点评+资本对接"三维模式，吸引许多科技企业参与共建，促成数百余项技术转化。在京津冀先进算力创新应用场景路演活动中，京东科技、中国电子云等企业围绕各自先进算力技术、服务和应用场景进行了路演推介，京津相关企业、金融机构等30余家单位与河北企业开展精准对接和商洽。

▶关键抓手

抓手一　组织场景招商培训

举办多层次的场景招商培训班，实地考察典型应用场景，提高场景认知度和场景招商的能力水平。

抓手二 建立场景开发的组织领导机制

成立应用场景建设领导小组或联席会，共同研究和统筹推进区域内各类场景资源开发利用。

抓手三 设立应用场景促进机构

设立场景促进中心或场景实验室等，对应用场景进行系统梳理和精心打磨，为应用场景招商提供有力支撑。

抓手四 建立应用场景发布机制

发布场景清单，定期或不定期向全社会发布本地方可利用的各类场景资源。

抓手五 开展场景供需对接活动

举行场景项目说明会、场景路演，举办场景创新大赛，加强场景机会推介，促进场景供需精准匹配。

第三章

科技招商：从原动力创造产业

> **核心观点**
>
> ➦ 科技招商不是简单地引进科技项目，而是以科技为原动力为城市拼一个全新未来。
>
> ➦ 科技招商是一种耐心招商、智慧招商、高回报招商。
>
> ➦ 科技招商的"命门"是人才，有了人才，其他一切都有了。

在当今这个科技飞速发展的时代，区域竞争的底层逻辑发生了深刻变化，正在从产业项目的"规模竞赛"转向创新能级的"密度对决"。昔日招商的"三板斧"——拼政策、让土地、给税收，在以指数级速度跃迁的科技创新浪潮中效能降低，一种全新的招商方式——科技招商隆重登场。这不仅是招商方式的深刻变革，更是决定地区竞争优势和长远发展的关键一招。这场从引资到引智的招商升维，昭示着城市发展动能从"项目汇聚"到"生态裂变"的跃迁，意味着用创新雨林替代政策洼地，用智力磁场置换土地厂房，用高效能创新生态孵化定义未来的新物种。

第三章 | 科技招商：从原动力创造产业 |

▸ 科技招商与传统招商有什么不一样

想象一下，在一片荒芜的土地上，突然间崛起了一座座充满未来感的科技园区，而这一切的背后是无数顶尖人才的智慧结晶。他们或许曾是世界知名学府的教授，或许是在科技巨头担任核心研发岗位的精英，也可能是初出茅庐的青年才俊，如今却汇聚于此，带来知识、资本等新要素聚集和思想碰撞，为这片土地注入源源不断的创新活力，这就是科技招商的魅力。所谓科技招商，是指瞄准科技和产业变革方向，培育和引进科创人才、企业、平台、信息、资本等创新要素，推动创新链、产业链、资本链、供应链有机耦合，形成蓬勃向上的创新生态的一种招商战略。与传统招商相比，科技招商至少有以下不同。

高成长性：从技术萌芽到产业爆发增长

在科技招商过程中，地方政府不仅关心投资规模和强度等传统指标，更关注成长性，即能否吸引具有巨大发展潜力的科技成果和科技企业，能否带动相关产业协同发展，形成强大的乘数效应。例如，深圳支持大疆创新发展就是一个典型的例子。2006年汪滔团队在南山区留学生创业大厦起步时，当地政府敏锐捕捉到无人机技术的潜力，提供专项资金帮助其突破飞控系统的算法瓶颈。随着2013年第一代消费级无人机问世，大疆以每年300%的速度扩张，目前占全球消费无人机市场超过70%的份额，带动深圳形成涵盖2000家企业的无人机产业链。合肥引进量子通信的例子更具说服力。2017年合肥市与科大国盾共建量子实验室，初期投入数十亿元。但随着"墨子号"卫星升空、京沪干线建成，量子通信产业突破千亿规模。更关键的是，这项技术催生出量子加密手机、量子云服务等新业态，形成"技术突破——资本涌入——市场扩容"的良性循环。

高风险性：穿越"死亡之谷"的技术冒险

科技招商高成长性的背后也蕴含了巨大的风险，由于科技创新的高度不确定性，导致许多科技项目高开低走、半途而废。曾轰动一时的柔宇科技案例令人警醒。2012年某市政府以土地、资金等超常规政策支持其柔性显示技术，巅峰时期估值达500亿元。但由于技术路线选择偏差，量产良率始终低于30%，最终资金链断裂。这场冒险造成上百亿元投资损失。某市半导体项目的失败更具有典型性。2017年计划投资上千亿元引进ASML光刻机，意图攻克14nm芯片制造。但团队低估了工艺的复杂性，关键技术节点卡壳，加上技术封锁，最终失败。该项目失败不仅浪费了几百亩土地资源，还延误了该市半导体产业布局窗口期。

为控制科技招商的风险，许多地方进行了积极探索，上海张江药谷就是一个典型例子。张江药谷在引进和记黄埔医药的肿瘤药研发项目时，采用"里程碑式注资"——将30亿元扶持资金拆解为靶点发现、临床Ⅰ期、NDA申报等几个阶段，每个阶段达成后才释放下一笔资金。当其中某个候选药物因疗效不足终止时，损失被控制在3亿元以内。这种分段推进机制使园区生物医药项目成功率从15%提升至28%。

长周期性：十年磨一剑的耐力竞赛

科技招商的长周期性需要持续投入等待生态成熟。合肥引进京东方的过程堪称典范：2008年合肥市政府以年度财政收入的80%（175亿元）豪赌液晶面板，前5年累计亏损超60亿元。但通过持续建设配套玻璃基板、驱动IC企业，2017年合肥新型显示产业产值突破800亿元，京东方的10.5代线成为全球最高世代线。这个案例证明，战略耐心是科技招商的核心竞争力。生物医药领域的长周期特征更为明显。苏州信达生物的PD-1单抗从实验室到上市耗时9年，累计投入26亿元。其间经历156次细胞培养优化、23次临床试验方案调整，仅Ⅲ期临床就需跟踪800名患者长达3年。地方政府为此建立特殊容忍机制：允许研发投入视同税收贡献，在考核中设立"潜在价值指数"，将专利储备、临床试验进度纳入评价体系。

应对长周期需要创新金融工具。深圳在培育华大基因时首创"科研代工"模式：政府出资建设国家基因库，企业以数据服务抵扣使用费。这种"以租代购"的方式既能缓解企业初期资金压力，又能保证基础设施持续升级。当华大基因2017年上市时，深圳已建成全球最大的基因测序平台，日均数据处理能力达100PB，为后续引进300家基因企业奠定基础。

大生态性：热带雨林式的创新共同体

科技招商的大生态性体现在构建共生共荣的创新网络。杭州新兴的科技"六小龙"崛起就印证了这一点：深度求索、宇树科技、游戏科学、群核科技、强脑科技、云深处科技这六个科技公司，代表了人工智能、机器人、游戏开发、脑机接口等前沿领域的新势力，这些企业的崛起凸显了城市生态对新兴科技产业的适配能力。早在2017年，杭州就率先布局机器人产业，支持宇树科技等企业发展。杭州从哈佛大学地下室引进了强脑科技，为其提供研发空间，助其成为全球领先的脑机接口公司。杭州与浙江大学等高校合作，形成"教授+工程师+资本"的创业模式。强脑科技和云深处科技均受益于浙江大学的技术积累和成果转化。未来科技城等地汇聚了众多科研平台，助力AI产业发展。政策上，杭州采取"沙盒监管"模式，加速新技术商业化。云深处科技的巡检机器人在地铁等场景试点，订单大幅增长。民营资本和阿里、网易等巨头积极参与科技产业投资，推动产业集群发展。

生态构建需要打破要素流动壁垒。北京中关村的"概念验证中心"模式极具创新性：政府设立20亿元风险资金池，资助高校成果跨越"死亡之谷"。清华大学的新型钙钛矿光伏技术在此机制下，先获得500万元验证资金完成中试，再通过知识产权作价入股引入社会资本，最终实现36%的光电转换效率，比传统技术提升50%。

大生态性更体现在全球资源配置能力。深圳坪山新能源汽车基地的崛起，正是整合了"日本电池材料－德国智能装备－中国整车制造"的跨国链条。贝特瑞供应高镍三元正极材料，莱茵科斯特导入工业4.0生产线，比亚迪完成刀片电池技术突破。这种生态优势吸引特斯拉将研发中心落户坪山，专门研究电池技术标准。2023年该基地新能源汽车产量突破200万辆，占全球18%的市场份额。

科技招商的上述四大特征，形成一个辩证统一体（见图3-1）。高成长性驱动着战略投入，成长性越高的项目越会吸引大量资源和资金的注入。高风险性则倒逼机制创新，由于科技项目的不确定性，必须不断进行机制和模式的创新来应对挑战。长周期性考验着决策者的定力与智慧，科技项目从孵化到成熟需要较长时间，要有足够的耐心和智慧。大生态性重塑竞争优势，只有构建完善的创新生态系统，整合各方资源，形成协同效应，才能提升科技招商在城市整体竞争力中的作用。

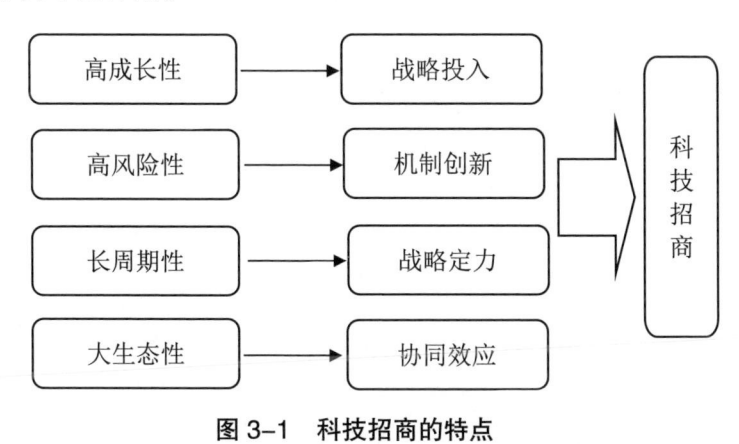

图 3-1 科技招商的特点

常见问题

科技招商到底要招什么

科技招商，绝非仅仅引进寻常项目，其深远意义在于为未来十年之产业版图争夺关键的话语权。科技招商所寻求的并非普通资源，而是那些能点燃颠覆性创新的"火种"。这是一场兼具前瞻性与战略性的布局，每一份招商成果都可能孕育着改变行业格局的潜力，每一次资源的引入都可能是对现有技术边界的突破与拓展。从各地的实践看，科技招商的对象主要有四类（见图3-2）。

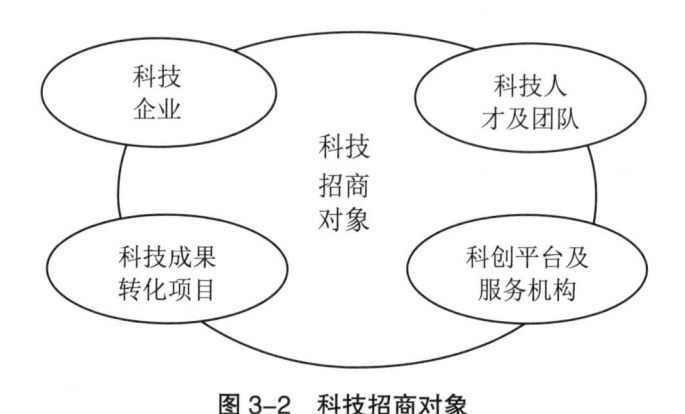

图3-2 科技招商对象

科技企业：引入多元化的创新主体

科技招商的首要任务是引入多元化的创新主体，形成"龙头企业+中小企业"的协同创新体系。龙头企业如同"参天大树",中小企业则像"灌木丛",相互协作,共同塑造创新的"大森林"。有的地方注重龙头企业的牵引作用,例如,合肥市通过引进京东方,带动上下游200多家配套企业落户,形成千亿级新型显示产业集群。在这一过程中,合肥不仅提供土地和资金支持,更吸引材料、设备、模组等关键环节的企业入驻,实现从"一棵树"到"一片林"的蜕变。如特斯拉上海超级工厂落地后,推动宁德时代、均胜电子等配套企业集聚。有的地方瞄准"专精特新"企业填补技术空白,如常州引进动力电池领域的独角兽中创新航。有的地方大力培育科技型初创企业,如深圳培育大疆无人机、北京培育字节跳动,都是从初创企业起步,扶持成长为全球行业龙头。通过梯度培育和生态构建,实现"顶天立地"与"铺天盖地"有机融合的科技企业成长格局。

科创人才及团队:打造"磁吸式"人才高地

人才是科技创新的第一资源。科技招商不仅是项目的引进,更是对高端人才和顶尖团队的吸引。通过构建"磁吸式"人才高地,结合地方特色和产业需求,创新引才、用才机制,才能推动地方科技与经济的飞速发展。这种以人才为核心的招商策略,需要以"全球视野+本地适配"为导向,构建具有强大吸引力的"引才磁场"。苏州工业园区通过建设冷泉港亚洲基因研究中心,吸引诺贝尔奖得主及其团队入驻,带动生物医药领域2000多名海归人才聚集,催生信达生物、基石药业等创新药企的崛起。合肥打造了科学岛,建设了大科学装置——稳态强磁场实验装置,王俊峰、刘青松等八位哈佛大学医学院博士后纷纷告别美国，先后投奔科学岛，建成全球最大癌症激酶细胞库，成就了一段"哈佛八剑客"的佳话。这些案例表明高端平台与顶尖团队的结合，能产生裂变效应。在招引人才方面，许多地方已经突破了传统模式，通过创新机制开展了积极的探索。例如，杭州未来科技城通过举办海外人才创新创业大赛，成功吸引了硅谷 AI 团队归国创业，这就是"以赛引才"策略的成功实践。东莞松山湖材料实验室则通过实施"周末科学家"机制，让院士团队能够远程指导技术攻关，实现了"柔性用才"的目标。此外，宁德时代与福州大学共建储能学院，定向培养产业急需的技能人才，这种"产教融合"的模式也为人才培养提供了新的思路。

科技成果转化项目：打通实验室到生产线"最后一公里"

科技成果转化是科技招商的关键环节。在科技创新竞争日益激烈的今天，如何跨越实验室成果与产业应用之间的"达尔文死海"已成为全球科技创新的核心命题，也是各地招商的重点任务。我国高校每年产生几十万项科技成果，但转化率不高，这种"沉睡专利"现象暴露出科研供给与产业需求的深层错位。破解这一困局的关键，在于构建"需求导向＋市场驱动"的双轮转化机制，让创新要素在产研两端真正实现价值共振。深圳积极探索建设新型研发机构推进成果转化，比如清华研究院的"四不像"模式为科技成果转化提供了创新样本。这个既非传统高校又非普通科研机构的创新载体，通过市场化运营机制，成功构建起"研发平台＋投资基金＋孵化基地"的生态体系，其独创的"带土移植"机制，允许科研人员以技术入股的方式深度参与企业经营，形成"论文写在车间里、红利分在专利上"的利益共同体。成立20多年来，清华研究院累计孵化企业几百家，培育出数十家上市公司。这种"学术基因+商业思维"的融合创新，为科研机构市场化转型开辟了新航道。构建高效成果转化体系需要多维度制度创新。通过采取"揭榜挂帅"机制，可以重塑技术攻关范式。宁波市针对半导体材料"卡脖子"难题，面向全球发布技术榜单，中国科学院上海硅酸盐研究所揭榜后，仅用3年就突破电子级硅烷气体制备技术，使我国成为全球第三个掌握该技术的国家。通过建设概念验证中心，架起成果转化桥梁。武汉光谷联合华中科技大学建立的中试基地，成功将实验室的纳米纤维技术转化为可量产的手术缝合线产品，填补了国内高端医疗材料的空白。通过"逆向转化"模式，开启需求驱动新路径。青岛支持海尔建立了HOPE创新平台，通过平台收集全球几十万用户需求，反向匹配高校专利库，实现"市场出题、科研解题"的精准对接，累计促成一批科技转化项目。

科创平台及服务机构：编织"创新服务网络"

创新生态的繁荣离不开平台和服务机构的"土壤滋养"，这些平台和机构能够支撑技术研发、成果转化和产业孵化，也是科技招商的重点。越是战略性新兴产业和未来产业，跟基础科研联系越密切，为此，各地加快布局建设基础前沿研究平台，包括国家级、省级重点实验室等，建立起更全面、多层次、跟重点产业布局匹配的科研体系。济南明确提出，加快建设合肥国家实验室济南基地，发展量子通信产业。广州市则正大力引进上海张江国家实验室，加速建设张江国家实验室广州基地等科研平台，壮大集成电路产业。

应用研发平台也是地方招引重点，包括新型研发机构与产业技术研究院、技术创新中心等。比如，苏州纳米所在布局研究领域时，紧密结合了苏州的产业发展需求，特别设置了电子信息、纳米材料和生物医学三个核心领域。这种系统性的布局为苏州纳米技术的产业布局提供了有力支撑，带动了苏州千亿级纳米产业的发展。

成果转化平台，包括技术转移中心、概念验证中心、科技企业孵化器、加速器等也是近年来兴起的新型招商对象。如西安交大国家技术转移中心近三年促成技术交易额超 50 亿元。上海闵行建设"大零号湾"概念验证中心，成功将高校科研成果转化率提升至 35%。中关村创业大街孵化出一批独角兽企业。杭州梦想小镇打造"孵化器＋加速器＋产业园"全链条体系，累计培育上市企业 11 家。此外，科技金融、知识产权服务机构也是地方争相引进的重点单位。深圳设立 50 亿元天使母基金，撬动社会资本超 400 亿元，助力科技企业成长。江苏银行设立全国首家"科技支行"，创新知识产权质押融资模式。广州开发区引进 IPwe 建设全球专利运营平台，协助企业完成跨境技术交易额超 7 亿美元。

如何科学评价科技招商的绩效

科技招商作为一种战略性招商策略，其成功与否绝非简单按企业数量或投资金额判定。当苏州工业园区的生物医药产值突破千亿元时,当合肥新能源汽车生产线轰鸣着驶向全球时,当贵阳荒山深处崛起"中国数谷"时,人们逐渐意识到:科技招商的绩效评估本质上是一场关于"未来价值"的量化革命,需要用多维度的标尺丈量那些肉眼看不见的创新裂变。

科技招商的特殊性在于,既要考核当下厂房里的机器轰鸣,又要评估那些尚未破土的技术幼苗——就像二十年前张江药谷引进罗氏研发中心时,没人能预料到今日中国创新药企在 PD-1 抑制剂领域的集体爆发。在这场价值博弈中,创新能力的量化成为最精妙的平衡术。合肥市政府当年引进京东方时独创的"风险共担"模式,表面上是用土地、税收换取 6 代线落地,实则悄然构建起覆盖玻璃基板、驱动芯片的产业链生态。当年以 60 亿元战略性亏损引进京东方,换来的是如今新型显示产业每年 900 亿元的产值。当人们惊叹于这座城市近年涌现出长鑫存储、蔚来汽车等明星企业时,往往会忽略这些"后来者"正是沿着京东方铺就的产业轨道呼啸而来。科技招商最易被忽视的社会效益,往往在细微处绽放惊人能量。上海张江科学城的"人才旋转门"政策,让跨国药企研发总监与高校教授在咖啡沙龙碰撞出新药靶点,这种无形的知识外溢催生了 15 家科创板上市企业。更令人触动的是东莞松山湖的"科技反哺"现象:华为终端总部入驻后,不仅带来 2 万名高端研发人才,更推动社区卫生服务中心引进智能影像诊断系统,让所有人都能享受三甲医院的 AI 读片服务。

科技招商的绩效评价既要避免传统招商"唯 GDP 论"的短视,也要破解创新价值难以量化的问题,需要建立"全周期、多维度、动态化"的评价体系（见图3-3）。

```
科技招商绩效评价体系
├─ 全周期
│  ├─ 短期：要素聚集
│  ├─ 中期：创新转化
│  └─ 长期：产业变革
├─ 多维度
│  ├─ 技术维度
│  ├─ 经济维度
│  └─ 生态维度
└─ 动态化
   ├─ 设置预警指标
   └─ 开展健康监测
```

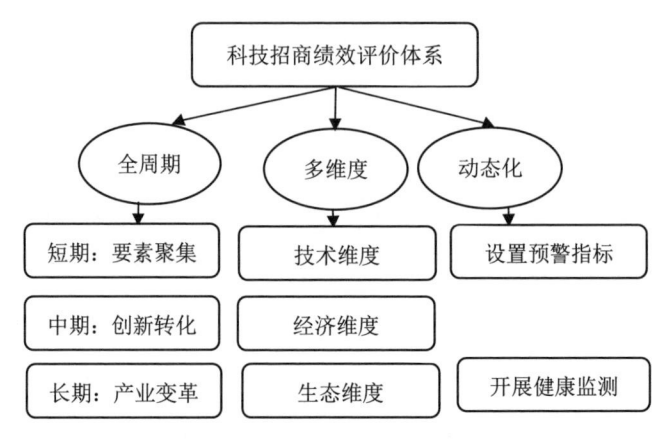

图3-3　科技招商绩效评价体系

所谓"全周期"，就是要建立分阶段评价体系。短期（1~3年），重点考核"要素聚集"，核心指标包括固定资产投资完成率、高端人才引入数量、研发投入强度、政策兑现时效性等。比如，某地方对某柔性屏项目的考核：季度跟踪厂房建设进度与设备采购匹配度；3年内引入面板行业工程师2000人；光电子进口设备免税申报周期缩短至7天。中期（3~5年），重点考核聚焦"创新转化"，核心指标包括专利转化率、产学研合作项目数、产业链本地配套率等。比如，某地评价生物医药企业的绩效：监测从药物靶点发现（年均30个）到临床申报（成功转化率15%）的全流程；计算本地CRO、CMO服务占比（达73%）；根据企业反馈动态调整"生物材料通关绿色通道"流程。长期（5年以上），重点评估"产业变革"，核心指标包括技术标准制定数、全球市场份额、衍生企业数量、单位能耗产值等。比如，某地对科技招商项目的十年期评估主要从以下几方面开展：技术外溢效应，通过专利引用分析，发现某一关键技术被15家企业复用；产业链重构效应，产业本地配套率从12%提升至58%；能耗优化效应，单位产值电耗下降43%；最终项目带动本地产业从"跟跑"到"并跑"。

"多维度"就是要超过传统思维构建更广义的评价指标。在技术维度，建立"技术成熟度"标尺，可从技术成熟度、专利被引次数、产学研合作网络密度等进行评价。比如，某地对芯片项目的考核：TRL从6级（原型验证）提升至8级（量产准备），技术扩散至10家设计公司，形成"芯片设计——制造——封测"闭环。在经济维度，超越传统财税思维，可以从知识密集型服务业占比、技术合同交易额、企业研发费用加计扣除政策利用率等方面进行评价。东莞松山湖对华为终端总部的评价，不仅看其年纳税25亿元，更计算其带动的168家本地供应商研发投入总和超40亿元。在生态维度，量化"创新雨林效应"，主要从跨行业协同创新项目数、每万家企业拥有孵化器数、检测认证机构数、企业与高校间人员双向流动率等方面进行评价。比如，某科技园引入一个无人机项目后，发现公司每增加1场技术沙龙，周边企业专利申请量提升0.7%。

"动态化"就是实施动态监测机制。政府可以建立"科技招商数字孪生系统"，整合工商、税务、专利、人才等部门数据源，设置"研发投入连续3季度下滑""专利转化停滞"等风险预警指标。比如，苏州工业园建立了生物医药数字驾驶舱，可以实时显示2000家企业研发管线进展，自动预警临床试验患者招募不足的项目，预测未来3年需扩建的GMP厂房面积。政府可以建立"企业成长健康度模型"，从技术健康度（专利质量、研发人员占比）、财务健康度（现金流与研发投入比、政府补贴依赖度)、生态健康度(供应链本地化率、协同创新参与度)等方面对科技企业进行分级管理。比如，珠海对集成电路企业的分级管理：A级(健康度>85%),享受"免检"政策；B级(60%~85%),定向推送设备补贴；C级(<60%),启动技术帮扶小组。

在科技招商绩效评价的结果应用上，应从"考核问责"导向转到"生态优化"导向。对于绩效好的，可以给予正向激励。比如，深圳对评价优秀的科技项目给予"研发失败补偿"(最高300万元)。对于绩效差的，可以动态退出。比如，南京经开区建立"亩均创新指数"末位淘汰机制，3年累计清退低效项目近50个。同时，可以构建"评估——反馈——提升"闭环，比如，合肥向京东方提供评估报告，助其优化供应链本地化策略(成本降低12%);东莞根据华为生态评估，将5G射频技术纳入职业培训体系；贵阳基于大数据产业评估，建设"算力资源交易平台"，提升数据中心利用率28%。

科技招商的绩效评价早已超越简单的数字游戏，需要地方政府用"园丁心态"培育产业生态，最终在"硬指标"与"软价值"、"当下产出"与"未来可能"之间找到富有自身特色的招商评价方法论。

从事科技招商需要掌握哪些"独门绝技"

在某生物医药产业园的咖啡厅里，一位招商专员正用3D蛋白质结构模型向跨国药企高管演示靶点发现技术。在某地产投集团的会议室里，项目经理用自制的半导体产业链图谱说服芯片设计公司落地……这些场景揭示着：科技招商早已超越传统"土地＋政策"的粗放模式，蜕变为需要复合型能力的"高精尖"战场。要在这场事关未来的卡位战中胜出，从业者必须修炼核心能力。

产业洞察力：在迷雾中洞见未来

从事科技招商的团队需要准确判断项目所处研发阶段（实验室验证、中试、量产），精准识别区域产业生态的断点与堵点、科学预见技术商业化拐点。例如，2016年合肥招商团队接触蔚来汽车时，国内新能源汽车渗透率不足2%。团队通过拆解特斯拉专利组合，发现三电系统成本下降曲线，预判2020年将迎来市场爆发。果断以"对赌协议"引进蔚来汽车：政府出资建设先进制造基地，企业承诺5年内带动30家核心供应商落地。至2023年，合肥新能源汽车产业链集聚企业500余家，涵盖智能座舱、车规级芯片等高端环节。这些能力可以通过深度拆解行业技术路线图、记录关键技术的衍生路径与应用场景、定期参加学术会议捕捉前沿动态等方式进行积累。

资源整合力：撬动一切可用资源

短时间内想要改变地方自身的招商吸引力是不太现实的，因此，最好的方式莫过于与外部强大的资源合作，让本地资源与外部资源融为一体，搭建为我所用的"广义资源池"。比如，深圳某科技园区为引进视觉传感器项目，开展了创造性的资源整合，联合鹏城实验室开放光学测试平台，对接华强北电子市场提供供应链快速响应，引入深创投等机构设立 10 亿元专项基金，协调大疆、优必选等企业签订技术验证订单。这种"技术验证 – 资金支持 – 市场反哺"的闭环，使项目 18 个月实现了从实验室到智能工厂的跨越。

政策创新力：量身定制游戏规则

在科技招商中，地方政府的政策创新力成为关键。以往，税收返还、投资补贴、土地优惠等传统政策曾是招商引资的"利器"，但如今，这些政策被紧急叫停，意味着传统依赖优惠政策的招商时代正在落幕，而以政策创新力为核心的新招商时代已然开启。上海临港的实践便是这一转型的生动写照。为吸引积塔半导体，临港量身定制了一套"政策组合拳"：首创"设备折旧加速补贴"，将 300mm 晶圆厂设备折旧年限缩短至 5 年；设计"流片费用共担池"，由政府承担前 3 次流片费用的 40%；试行"跨境研发物资白名单"，实现特殊生物制剂的快速通关。这些创新举措不仅使项目投产时间缩短了 9 个月，还将良品率提升至 99.97%。

风险预判力：主动应对不确定性

风险预判力是指对未来可能发生的风险进行预测和评估的能力。在科技招商中，要融合技术尽调、产业链适配、动态监管及协同决策，以系统性机制提升风险预判能力。可以引入专业第三方机构对项目技术成熟度、知识产权、市场前景等进行全方位评估，避免"伪科技"陷阱。例如，山东某高新区在引入锂电池项目时，通过技术尽调发现其技术落后且拒不配合，果断终止合作；而对某智能穿戴企业经专家论证后成功引进，产品已实现千万元营收。通过建立风险评估体系，对目标企业进行技术成熟度、市场前景、团队实力等多维度评估。武汉某招商团队通过专利地图分析发现，三星的专利集中在材料合成领域，存在技术封锁风险，而国内高校在器件结构领域具有优势。基于此，迅速调整策略，重点引进某光电企业与华中科技大学共建实验室，成功规避了材料端风险，使该技术率先应用于国产透明电视，避开了国际专利雷区。

生态运营力：当好培育创新雨林的园丁

生态运营力是指通过整合产业链上下游、构建协同发展的产业生态圈，实现资源共享、价值共创及可持续发展的综合能力。其核心在于通过平台化、网络化的运营模式，促进企业间技术、资本、人才等要素的高效流动，形成"共生共赢"的生态体系。上海张江通过"技术+资本+政策"三位一体模式，形成涵盖研发、生产、孵化的完整生态链，其生物医药领域企业通过共享实验室和专项基金支持，年均孵化项目超百个。贵阳贵安通过"算力招商"引入华为云智算中心，并配套数据清洗、标注等产业链项目，形成数字经济生态闭环。杭州未来科技城运营阿里巴巴生态圈，设立"平头哥"芯片开源社区，吸引200余家设计公司参与；举办全球量子计算开发者大赛，促成数十个校企合作项目；创建云端实验室，中小企业可远程调用AI算力。

国际对话力：全球创新版图的"解码者"

国际对话力是指在与国际投资者、跨国公司等进行交流合作时，有效沟通、理解和达成共识的能力，涵盖语言能力、文化敏感度、国际商务规则的理解和运用，以及对全球市场趋势的洞察。在科技招商中，提升国际对话力的方法包括培养国际化人才、深入了解国际规则、拓展国际合作网络、精准定位国际目标市场、提供与国际接轨的服务等。西安高新区引进三星电子就是一个典型例子。为了与三星电子进行有效的沟通和合作，西安高新区提前培养了具备半导体专业知识和英语沟通能力的人才。这些人才不仅参与了与三星的谈判，还负责后续的协调和服务工作。在与三星电子的谈判过程中，西安高新区确保所有政策和合同条款都符合国际贸易和投资规则。针对三星电子的投资需求，西安高新区制定了专门的招商策略，包括提供定制化的基础设施、优惠的土地政策和税收优惠等。最终，三星电子选择在西安高新区投资建设其在中国最大的半导体生产基地。苏州工业园招商团队为引进赛诺菲疫苗研发中心，制作中、英、法三语版《中国疫苗监管体系成熟度报告》，设计中欧数据互认的平行临床试验方案，最终促成亚洲最大mRNA疫苗生产基地落地。

长期战略定力：穿越产业周期的"守望者"

长期战略定力是指面对复杂多变的市场环境和各种短期诱惑时，能够坚持既定的长期发展战略和目标不动摇的能力。这要求决策者具备远见卓识，能够在风云变幻的市场中保持冷静和理性，不被短期利益所左右，专注于对长期价值的创造。在科技招商中，培育长期战略定力至少需要做到以下几点：制定长期发展规划，明确发展目标和路径；树立科学政绩观，不盲目跟风；坚持长期持续投入，建立技术培育"耐心资本"；强化政策引导，为企业提供长期稳定的政策预期。某地方坚持10多年培育集成电路产业就是一个很好的例子。2009年引进某公司时承诺"十年不考核税收"；2015年建设华南首个"芯片设计——制造——封测"全流程服务平台；2021年政府为首次流片成功企业举办发布会。这种定力使该地方科技企业快速成长，诞生了一批细分领域的隐形冠军。

科技招商是否需要专职队伍

许多地方积极尝试科技招商，但在实践中遇到了许多问题：某新一线城市开发区抽调各部门人员组成临时招商组，结果误将传统封装项目当作先进芯片技术引进，项目投产即落后；因不熟悉FDA申报流程，导致某创新药企错过国际认证窗口期；三年累计流失17个科技项目，损失潜在产值超200亿元。某市招商局沿用传统制造业团队招引AI企业，也暴露了许多问题：无法理解神经网络加速器的技术价值，错失寒武纪早期落地机会；用"土地价格优惠"谈判AI算法公司，对方直言"我们需要的是高质量训练数据而非土地"。

科技招商有"三高"困境，即技术门槛高、资源整合难度高、长周期风险高，对专业化招商能力提出更高要求，传统的"万金油式"招商队伍已难以应对复杂挑战，组建一支"熟知科技前沿、掌握产业趋势、精通项目流程、具备谈判技巧"的专业化科技招商队伍，培养一批具有较强技术判断力、产业敏锐度的科技招商"技术官"势在必行。从合肥的"芯屏汽合"到苏州的"药械双雄"，从深圳的"AI军团"到贵阳的"数据舰队"，那些在科技招商战场斩获颇丰的城市无一例外都拿出了同一件武器——专业化、专职化的科技招商铁军。

苏州由于工业发达而科教资源匮乏，成为国内较早开展科技招商的城市。苏州工业园区十多年前设立科技招商部门。近几年苏州部分地区现有产业园区承载力日渐饱和，新增供地指标紧张，而部分地区虽然土地资源较充裕，但是存在科技创新载体小而散、专业化程度不够等瓶颈。为此，苏州各地先后设立相应的科技招商部门，全市已有5个板块成立县级市（区）层面的科技招商部门，乡镇（街道）层面科技招商部门实现全覆盖。

2023年，苏州市科技招商中心有限公司（以下简称科招中心）成立，由苏创投集团出资，按市属二级企业管理，具有独立运营权限，业务主管单位为苏州市科技局。科招中心立足苏州创新型城市发展战略，以全力打造"创新集群引领产业转型升级"示范城市为使命，以构建协同高效开放的创新生态为核心，以建设苏州科技招商数字枢纽为支柱，助力形成"市级统筹、上下联动、多方参与、合作共赢"的科技招商工作格局。通过持续推动全市科技招商工作系统化、专业化、品牌化建设，进一步巩固全市科技招商引领性，全面提升苏州高质量发展的核心竞争力。科招中心的定位有以下几个方面：一是强化"牵头抓总"，负责重大项目、重大活动、重大事项、重大问题等的研究和协调，凝聚全市"一盘棋"合力；二是强化资源导入，统筹配置政策、金融等招商要素，汇聚全球优质创新资源，加大对各板块的赋能力度；三是强化机制创新，明确项目引入标准和评价指标，建立项目市域流转机制，并做好考核激励。

在科技招商的浪潮中，我们目睹了无数创新火花的激烈碰撞，深切感受到科技力量所带来的广阔无垠的可能。每一次成功的招商，都是对未来的一次坚定不移的投资。当下，我国正全力推动高质量发展，而大力推进科技招商不仅是实现这一目标的关键之举，也是当前的紧迫任务。通过科技招商这把钥匙，我们能够解锁新质生产力，并将其转化为推动经济增长的新动能，从而开启通往下一个繁荣时代的新篇章。

▶ 关键抓手

抓手一　设立科技顾问团

围绕拟发展的重点产业领域聘请一批顶尖科技专家任科技顾问，构建顶级的科技招商人脉网络。

抓手二　设立科技招商机构

在科技管理部门或招商管理部门设立专门的科技招商部门或成立科技招商公司，体系化打造强有力的专业科技招商队伍。

抓手三　打造科技资源共享平台

通过设立共享实验室、公共分析测试中心等平台，降低招商对象前期的高研发成本。

抓手四　建立科技招商外部评估机制

引入专业第三方机构，对科技招商项目前期、中期、后期的进展情况进行全方位的评估。

抓手五　构建国际化科技招商网络

在海外科创资源富集地区设立驻点招商办事处，与顶尖高校、科研机构共建联合实验室或离岸创新中心，重点引进高层次科技人才和前沿技术项目。

第四章

内创招商：激发存量生成产业

核心观点

- 内创招商是从本地企业存量中找增量，让老树不断长出新枝，它已成为最活跃的招商增量。

- 内创招商的特点是"一高一低"，项目存活率高，招商成本低，既省力又靠谱。

- 那些进入成熟期、冗余资源丰富、孵化新业务冲劲强的企业，就是最优的内创招商对象。

- 政府推动内创招商有两种方式，一是政策推动，二是搭建内创平台，前者是常规动作，后者在实践中更为有效。

多年以来，招商一直遵循着"眼睛向外看"的思维，辗转全国各地乃至海外争取成熟的大项目、大企业。然而，这带来了无尽的内卷，不仅招商成本越来越高，效果也越来越不尽如人意。如今，一种全新的招商思路悄然兴起，那就是眼睛向内看的"内创招商"，它巧妙利用本地的存量企业孵化生成创新项目与企业，让老树不断长出新枝，用"内生"而不是外抢的方式，源源不断地给政府和园区带来惊喜。发掘和激活本地存量带来内生增量，是内创招商的精髓。

第四章 | 内创招商：激发存量生成产业 |

什么是内创招商

要推进内创招商，先要搞懂什么是内创业，然后找到推动企业开展内创孵化生成产业的招商模式，就会形成一套完整的内创招商逻辑。

什么是内创业？

所谓内创业，是指由企业提供资源，让那些具有创新意识和创业冲动的内部员工和外部创客在企业内部进行创业，企业变身为一个孵化平台，内部员工则变身为创客，双方通过股权、分红、奖励、文化等方式成为合伙人，最终双方共享创业成果、共担创业风险的一种现代创业制度。

内创业本质仍是创业，但它是在企业或科研机构组织内部的创业活动，与传统的外部独立创业有很大区别。下面的案例能使人们对内创业的内涵有更准确的理解。

【案 例】

徐工基础：用内创业快速实现新产品产业化

徐工基础工程机械有限公司（以下简称徐工基础）是徐工集团的全资子公司，成立于2010年3月，专门从事桩工机械、非开挖机械、煤矿机械的研发和制造。公司成立之初就面临着通过创新提升竞争力、打造新的业务增长点、实现新产品快速产业化的任务。为完成该任务，公司领导创造性地提出"岗位创业、赋能赋权、增益分享"的新产品快速裂变与产业化发展思路，其核心就是内创业机制。

徐工基础的内创业是鼓励有能力、有想法的员工在不脱离原有岗位的前提下，以第二身份组成新产品孵化创业团队，利用现有资源平台进行产业孵化新产品、新业务。同时，内创业团队负责人拥有用人权、分配权和决策权，可以调度企业"研、产、供、销、服"各个环节的资源。内创业团队不承担创业风险，但担当经营责任，并根据价值增益进行利益分配。增益分享不是分配企业的存量，而是新产业的增量。团队收入的发放不影响原岗位工资，即使团队未实现既定目标，成员仍然有保障，避免了后顾之忧。

徐工基础在获取客户、经销商等外部专家提出的有价值的产品创新需求后，立即选择有能力、有想法的员工，与客户、经销商共同成立孵化创业团队，快速实现客户定制化生产需要，并进行产业化推广。

隧道清理机器人创业团队就是个成功的例子。

2017年6月，国内某核电企业研究院提出隧道清理机器人的市场需求较大，但国内尚无该类产品。根据新产品快速产业化内创业机制，徐工基础选派技术骨干与该研究院共同成立隧道清理机器人孵化创业团队，团队成员跨部门高效协作，不到一年的时间，顺利研发出设备，完成了七天七夜不间断施工的可靠性作业试验，得到

第四章 | 内创招商：激发存量生成产业 |

> 客户高度赞扬，并签订战略协议。
>
> 利用内创业机制，徐工基础推动了连续墙液压抓斗、双轮铣槽机、顶管机、深水井钻机等新产品的快速产业化，新产品收入占总收入比例达到68%，多项成果达到国际领先水平，高新技术产品产业化成效显著。同时，基于内创业机制，徐州基础培育了10余家配套企业，不仅培养了公司内部人才和干部，还带动了产业升级发展。徐工基础在项目早期阶段就把产业链上下游相关方纳入进来，创造了一种前置型的内创业生态和并行开发场景，让各方达成全生命周期内的协同共生，而不是传统"研发——产品——推广"的线性模式。

从徐工基础的案例可以看到，内创业的本质是存量创新，它能给企业带来新的增长点，打造新领域、新赛道。从招商的角度看，徐工基础就像是一个"招商发动机"，利用内创业机制不断内生地长出新的产品、孵化新的项目，不断带动配套企业出现。如果一个地区多几家这样的企业，就能源源不断地生出新的项目，从而解决政府向外招商难的问题。这就是政府"眼睛向内看"的意义所在。

事实上，类似徐工基础这样的内创业企业不在少数。我们在过去8年内接触了不少于200家内创业企业，见证了内创业的强大生命力：位于武汉的华工科技利用内创业不断推出新型激光器产品、探索新领域业务；位于青岛的海尔集团利用内创业打造自己庞大的产业生态，孵化的若干企业已独立上市；位于郑州的宇通客车利用内创业持续推出客车与特种车领域新产品；位于无锡的先导科技利用内创业持续孵化创新项目突破产业升级发展的堵点；位于北京的

079

大唐网络利用内创业机制持续推进产业互联网的科技成果转化……

这些成功案例带给我们最大的冲击和思考就是：对成熟大企业的存量资源一定不要置之不理，必须将它激活，才会给当地带来源源不断的项目增量。所以，千万不要只把眼睛向外看，激活本地区的存量，从存量中产生增量，才是既省力又靠谱的招商新方式。

虽然内创业是一种企业行为，但其快速孵化新业务、培育新赛道、生成新产业的特点决定了政府可以通过推动企业的内创业形成别具一格的内创招商模式。所谓内创招商，是指政府是利用内创业"快速裂变与衍生创新"的特性，在前期招商成功的本地存量企业中做文章，通过推广内创业模式，鼓励和助推成熟企业开展内创业，源源不断地孵化生成关联企业和新赛道企业并落户本地，相当于引入了新的项目，即"二次招商"。新的项目成长壮大后又可以继续裂变生成新的项目，生生不息，这就是内创招商。内创招商示意图如图4-1所示。

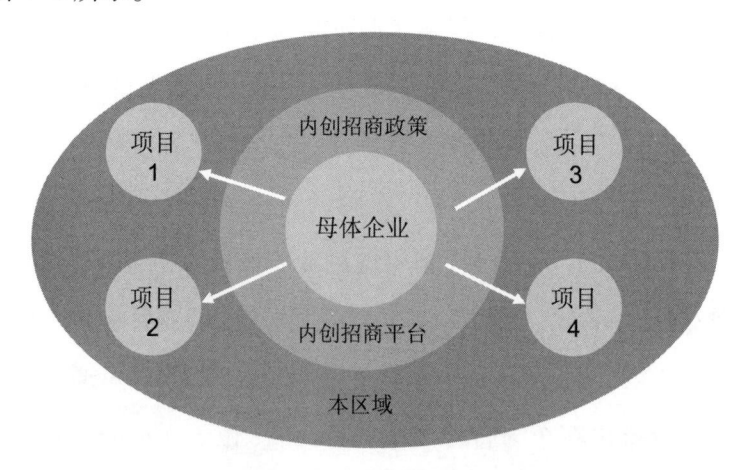

图4-1 内创招商示意图

内创招商具有四个显著特点。

一是内生性。 内创招商的项目来源于利用本地存量内生长出的创新增量，就像一棵大树长出新的枝条，甚至长出另一棵新树。"内生性"有两个具体来源：①企业内部激发、孵化的早期创新项目；②企业在全球投资的有潜力并落户本地孵化的早期创新项目。

二是长期性。 内创招商是政府通过支持企业内部创业推动创新项目在本地发展壮大，需要长期有耐心的陪跑。"用长周期，造大产业"是政府部门对内创招商的基本信仰，急于求成、立竿见影都不可行。

三是延伸性。 内创招商培育的是有强关联性的产业增量，也就是在原有业务存量的基础上延伸出来的相关创新项目和关联赛道，最终生成新产业。这里要特别强调，内创延伸的目的是创造新的产业增量和形态，而不是对原有产业形态的简单复制和数量扩张。

四是成功率高。 内创业是站在巨人肩膀上的创业，由于有母体企业的资源赋能和加持，在解决技术难题、打通产业链瓶颈、应用场景实现、市场化落地方面有天然优势，因此成功率相对较高。相应地，内创招商的风险也相较于传统招商要小，新项目的成长速度更快、产业应用场景更多。

传统招商的问题是没有激活本地资源、内部的机会白白浪费，导致产业孵化和产业成长有很强的"机会导向"。当有好机会时，引进一个大项目就能带动产业发展；可一旦没有好机会，整个产业的发展就会停滞。不少领先地区的政府部门已经注意到这种现象，开始通过各种方式鼓励和支持企业开展内创业，解决传统招商的四大痛点。

1. 解决传统招商的机会导向痛点

内创招商在现有资源和产业场景的基础上持续不断地推动生成新赛道和新产业，主动创造性更强，新项目的成长速度更快、产业场景更丰富、赋能作用更明显，这摆脱了传统招商"有机会就招、没机会就死"的困境。

2. 解决传统招商的产业成长痛点

传统招商的产业成长有不确定性，因为外部引入项目的成长受制于当地资源条件、产业链配套、市场成熟度、营商环境等诸多因素。内创招商通过打造内部的精准微生态，在现有产业基础上孵化出新的产业，实现从孵化到产业化的全程精准配套，与当地条件匹配度高，产业生成的速度更快、产业成长的力度更强。

3. 解决传统招商的人才留用痛点

传统招商招的核心对象是成熟产业项目，人才并不是招商考虑的第一要点，对高端创新人才的留用有较大的随意性。内创招商通过激发企业的内部创业行为，使用企业存量资源和放权裂变的内创方式，吸引全球创新人才汇聚企业，激发内部科技人员和创新人才活力，为留住人才、持续激发项目留住了"火种"。

4. 解决传统招商的科技成果转化痛点

传统招商方式的重点在于对产业项目的引入与规模化放大，对能否推动科技成果转化和落地、能否给当地留下可持续发展的科技资源等方面的关注较少。内创业已被诸多实践证明是加速科技成果转化、推动产业落地的有效方式，内创式招商通过推动企业开展内创业，让科技成果与打造企业新业态、新赛道、新产业天然紧密地结合，大大加速科技成果转化的效率、提高科技成果产业化的成功率，解决传统招商在科技成果转化方面的痛点。

▶ 常见问题

为什么内创招商是最活跃的招商增量

招商必须源源不断地获取新的增量。从长远来看，资源要素已经进入存量时代，如何向存量要成长空间已经成为实现高质量发展的必答题。带来招商增量的方式有很多，但内创招商无疑是最活跃的那个。

为什么这么说？三个原因让你看得明明白白。

第一，本地企业的二次创业冲动，会衍生出海量的新项目。

前期招商落地的企业，在发展壮大后都有二次创业的强烈需求。不论开辟新赛道还是升级老业务，都需要设立新项目进行孵化和加速放大，这恰恰是政府招商的最大机会。如今，任何一家高新区或经开区都有大量的存量企业，尤其是一些龙头企业或隐形冠军、单项冠军企业，当它们拓展业务或转型升级时，政府是任由其去外地开新辟天地，还是用内创业的方式在本地孵化新产业？答案显然是后者。

然而，这么宝贵的财富却静静地躺在那里，很少有人去发现它的无限魅力，更没有人去挖掘它的海量潜力。如此现成的资源为什么不用？核心原因有两个，一是缺乏意识，认知不够；二是缺乏方法论，没有落地工具。内创招商恰恰可以解决这个问题，让存量企业激发出无限的增量项目。

联合光电是位于广东中山高新区的一家光学企业，成立于 2005 年 8 月，于 2017 年在深交所创业板上市，是国内领先的高端光学变焦摄像机镜头、车载智能摄像镜头及手机摄像镜头的研发与制造商。在具备一定实力成为行业"链主"后，联合光电没有离开广东中山高新区，而是持续深耕开展新业务的孵化和产业化放大。公司一方面建设集技术攻关、产业孵化、高端人才培养三合一的产业创新孵化平台；另一方面新建产业园、参与投资孵化基金，不断拓展新型显示和智能驾驶新领域，通过建设广东西湾光学研究院进入仿生机器人智能感知赛道。2024 年，联合光电参与设立 2.04 亿元的创业投资基金，投资和孵化上下游的 AR/VR 企业，比如公司参与投资的中山市联芯股权投资合伙企业持有乐相科技有限公司（大朋）4% 的股份；公司参与投资的广东联电股权投资合伙企业持有北京亮亮视野科技有限公司 1.23% 的股份……

有了这样的企业，中山当地政府需要做的就是创造最好的营商环境和提供最到位的内创服务，让其持续裂变，进入新领域、新赛道，带来规模体量和发展质量的双提升，打造出更高水平的本地产业链生态。而政府为此投入的成本远比招揽一家新企业落户本地要低得多。这不是最大的招商机会，又是什么呢？

第二，内创招商的综合成本很低，企业活跃度高。

向外招商的成本愈来愈高，项目方经常会提各种"超标"的条件和要求，弄得相关部门苦不堪言。此外，还有一个招商痛点是"水土不服"，看上去很好的一个项目落地后，与政府、园区等的沟通协调成本却极高，导致项目进展不顺利。

内创招商恰恰能解决这些问题。原因很简单，前期招商落地的企业已经在本地深耕多年，政府了解企业的情况，企业也熟悉政府的招商条件，双方建立了信任、易于沟通，对于企业孵化的新项目或开展的新业务能否落地，很快就能做出符合实际情况的决策。另外，内创招商的沟通协调成本也很低，这源于内创业模式本身有一种"溢出效应"，即内创业新项目与政府打交道可以借助母体企业已经建立的渠道，而不需要事事都亲自去跑。

苏南某市一位资深的招商专员就说，很多企业孵化出来的创新项目，都不需要项目负责人联系政府部门，只需要跟本企业相关部门沟通即可，因为企业与政府之间已经建立了良好的关系，熟悉相关流程，双方的沟通协调成本大大降低，都很轻松。正是因为内创招商能显著降低政府招商成本和企业发展新业务的成本，使得企业孵化项目的活跃度大为提升。

营销学里有一个著名的二八定律，即企业利润的 80% 来自老客户的贡献，只有 20% 来自新客户。换个角度看，招揽一个新客户则要投入 80% 的成本，维护一个老客户的成本只需要企业投入 20% 的成本！这就是苏南招商专员这么看好内创招商的原因所在。

第三，内创招商的项目成长性好、存活率高。

内创招商还有一个特点，即企业内生项目能够充分利用当地的产业资源和母体企业的孵化快速落地发展。同时，招商部门可以很方便地了解项目情况并提供专业服务，精准对接相关政策。这两方面的便利条件让企业的内创业项目的成长性好、存活率高。某国家高新区招商专员就说，"……外来的和尚不一定会念经，反倒是内创招商的项目比传统创业项目的成功率要高很多，因为母体企业知道你在成长中的需求是什么，包括资质问题、市场问题、渠道问题等都能帮你解决，因为它自己经历过。反过来想，一个外地大学教授来我们这创业办公司，他要解决的实际问题太多了。"

之所有这种认识，是因为这位招商专员亲身经历过一个内创业项目的落地发展壮大过程。该高新区有一家通信行业的科创板上市龙头企业，内部孵化了一个颇有潜力的项目。在母体企业提供的各种孵化条件中完成了小试中试后准备公司化运作。高新区也看好该项目，主动与母体企业对接，很快就与该项目达成一致，公司落户在高新区迅速发展壮大，目前已经成长为细分赛道的领先公司。

正是以上三个原因，让内创招商成为最活跃的招商增量方式。相信很多人看到这已经眼睛发亮跃跃欲试了。但究竟怎么把内创业的逻辑延伸到内创式招商，具体有哪些落地手段……下面让我们一同进入内创招商的奇妙世界。

如何找到合适的内创招商对象

找到合适的存量企业和精准人群，是政府开展内创招商的第一步。关于存量企业，政府有两种做法：第一种是对已经开展内创业的企业，要给予精准的政策支持和强力赋能；第二种是对尚未开展内创业但具备条件的企业，要给予强有力的政策引导和激发。那么，政府部门究竟该如何找到合适的存量企业推动内创业？

通过大量调研分析，我们发现有内创业潜力的企业，通常有以下三个共性特征。企业内创业潜力的三大维度如表4-1所示。

表4-1 企业内创业潜力的三大维度

维度	标准1	标准2	标准3
企业家内创认知度	"一把手"的创新意识强	敢于进行内部试错	敢于投入大量资源
企业发展成熟度	进入一次创业成熟期	存量资源相对丰富	产业配套相对齐全
创新业务扩展度	业务有延链、补链和开辟新赛道的可能性	有相对完整的内部孵化体系	人才队伍能力较强

一是企业家的内创认知度高。 即企业领导层有强烈的内创业意识和敢于内部创新试错的胆识，试图通过内部孵化和产业化放大实现企业的持续转型和升级，其认知水平高于同行其他企业家。

二是企业发展的成熟度好。 即企业发展到相对成熟阶段，有冗余资源可以进行孵化和创新试错，资源基础优于同行其他企业。

三是创新业务的扩展度强。即企业本身业务具有较好的拓展性，有延链、补链和开辟新赛道的较大可能性。

当企业发展进入成熟期（处于行业龙头或单项冠军、隐形冠军地位），具备丰富的冗余资源（包括研发资源、设备产线、市场渠道、人才队伍等），产业链关联业务或拓展新赛道的冲动强烈，企业负责人的内部孵化和扩张意识强烈（敢于创新试错和高端化升级），这家企业的内创业潜力就大，就可以作为政府内创招商的发展对象。

事实上，符合上述三个条件的企业在任何区域都不少，关键是如何把它们准确找出来、细致挖出来。要找到符合上述三个条件的企业，政府需要做三个动作。

第一个动作是面上扫描，从发展成熟度、规模体量、产业特点等方面对本区域内的企业进行大面积扫描，搞清楚本地区的存量资源情况，瞄准潜在的内创业企业群体，确立名单框架。

第二个动作是调研筛选，通过实地走访、考察座谈、数字化 AI 甄别的方式了解企业在管理、研发、人员、模式、资金等方面的具体情况，定向筛选两类企业，一类是本地区具有内创业潜力的企业，另一类是正在开展内创业的企业。

第三个动作是宣贯培训，通过政策导入、培训学习、标杆企业游学等手段激发企业的内创业热情、提升内创业的专业水平。

这几个动作看上去并不难，但其实很花时间精力，需要政府自己先搞清楚内创业到底是什么，这是政府招商部门必须做的功课。相比于以往满世界找项目、抢项目还不见得有好结果，政府现在只需要在本区域内推动孵化培育新项目、选择好项目进行支持，政府的招商行为模式和工作方式已然发生了根本变化。

除了找到合适的存量企业对象，政府要推动内创招商，还要紧盯三类精准人群：第一类是科学企业家，即具备企业家精神的大学院所教授、研究员等；第二类是企业创业者，即龙头企业的科技人员与高管群体；第三类是军工企业的科学家与工程师。这三类人群有一个共性特点，就是有较为强烈的科技成果转化和创新创业意识，他们更乐意用内创业方式在本地或本企业内进行孵化和放大，相对来说成本最低也最好操作。

【案 例】

某高新区针对三类科创群体的内创式招商

位于西北某省会城市的一家国家级高新区招商部门，一直在探索如何发挥本地丰富的科教资源、拥有多家央企院所和众多军工企业的优势，在实践中走出了一条"精准挖掘、连续推动"的内创业道路，为当地产业生成和经济发展找到了一把全新的招商钥匙。

首先，该部门会同科技管理部门和产业管理部门深挖本地理工类大学和各类各级科研院所的教授、研究员资源，鼓励和支持大学和科研院所建立孵化器、加速器，出台相关扶持政策和提供小试中试空间，激发了一批教授和研究人员的科技成果转化的积极性，进而开展内创业，推动了一批科技成果转化的内创业企业落户高新区。

其次，在挖掘完教授和研究员群体的资源后，该高新区又将目光瞄准央国企的下属科研院所。这些大院大所也有一批科技成果转化积极性高的科技人员,高新区相关部门通过出台政策、宣贯服务、提供场地等方式鼓励并支持这些人员依托本企业开展内部创业,将项目在高新区孵化和加速放大。

最后,在推动高校和央企下属研究院开展内创业并不断带来新项目后,该高新区又瞄准从军工企业及其下属院所辞职后创业的科研人员,专门针对这一类群体出台支持政策和提供专业服务,推动这类企业在高新区落户并迅速发展壮大,同样带来了相当可观的科技企业增量。之所以要扶持这类人群,高新区相关部门看得很明白,"他们科技含量高、熟悉行业现状,又有企业管理经验,还有老东家的产业资源可以利用,甚至会给他们提供订单,所以这类企业成长迅速,把他们留在当地就是最好的招商引资"。

为什么政府部门搭建"内创平台"是有效方式

成功案例证明,留下龙头企业就是留下了内创招商的火种。有了龙头企业,接下来政府推动内创招商就有了两种模式:一是政策推动模式,即出台政策引导和鼓励符合条件的本地龙头企业开展内创业进而生成产业;二是政府搭台模式,即政府主动搭建内创业平台,或与本地龙头企业合建内创业园区、平台等。其中,政策推动是常规标准动作,而主动搭建内创平台是政府内创招商最有效的方式,政府既可以直接参与又没有越界,符合《公平竞争审查条例》的要求。

1. 政府出台内创业政策鼓励

内创招商的第一种模式是政府出台专项政策支持本地企业开展内创业实现创新项目的裂变成长并最终生成产业，核心是把企业的内创业项目留在本地并进行产业化放大。

中国大量企业已经完成一次创业，正在进入转型升级的二次创业关键期，这为内创招商的政策出台提供了绝佳机遇。企业在一次创业成熟后通常会进入停滞期，此时企业会做出两种选择：第一种选择是自身具备足够的资源和能力，通过内部孵化寻找新的业务和赛道；第二种选择是自身的资源、能力不足，需要去外部寻找合适的团队或早期项目进行投资以开辟新赛道、培育新产业。面对企业的两种选择，政府要做的就是想方设法创造良好环境、提供公共服务，优化内创业孵化载体建设，让企业的内创业项目留在本地加速放大并最终生成产业。

【案　例】

某省级高新区的内创招商模式

北方某省级高新区在招商过程中发现，外部项目引进的难度逐年加大，自身的区位优势和产业配套吸引力在逐渐减弱。同时，该高新区位于大型油田周边，区域内布局有央企下属的众多专业科研院所，其中的科研人员有强烈的科技成果转化和创新创业冲动。高新区领导通过充分调研并与国内知名内创业专家研讨后认为，留住并撬动身边这些宝贵的油田科技人才、推动其在本地开展项目孵化，并将孵化的项目直接放在高新区加速放大,将为高新区和油田带来项目增量和产业化想象空间。为激发人才活力、实现内创招商,该高新区与油田相关部门共同谋划,出台了一系列优惠政策鼓励科研人员开展内部孵化,对入驻高新区的创新项目提供相应的场地空间、资金、设施设备等方面的支持。为遴选合适的项目,该高新区与油田企业共同举办了内创业大赛,从100余个项目中筛选出了若干有市场前景、技术领先的项目,放在高新区孵化和放大,实现了项目的本地化内生成长,变相达到了招商目的。

2. 政府直接搭台

内创招商的第二种模式是政府自建内创平台或与企业共建内创产业园(即"园中园"),由政府提供配套专业服务推动企业内创业的新招商模式。具体可以分为政府自建和"政府-企业"共建两种方式。

(1) 政府自建内创平台

政府自建内创平台有两种手段。

一是在高新区或科技资源密集区域,单独开辟一块自留地建设专门的内创业空间,使其成为一个集中孵化本地企业内创业项目的载体,鼓励本地区的内创业项目集中到该平台孵化并实现产业化落地;

二是将原来的国有/民营孵化器改造转型为专门的内创业孵化器,从相关企业中遴选一批有价值的内创业项目放到该平台,配套专门的政策和资源实现精准化赋能,达到招商目的。

第四章 | 内创招商：激发存量生成产业 |

【案 例】

某国家级高新区搭建内创平台的做法

某国家级高新区面临经济发展减速、区位优势不再、区内老企业二次创业不力的困境。如何破局？当地政府提出通过内部创业来撬动存量企业资源、激发内部活力，从而带来创新项目的增量。为此相关部门出台了一系列推动当地企业开展内部孵化并本地产业化的举措，其中一条核心举措是打造两类内创业载体。第一类是将高新区内的部分国有孵化器改造转型为专门的内创业孵化平台和加速平台，吸引企业内创业项目入驻；第二类是在高新区创新创业服务中心所管辖的园区楼宇中，专门开辟一块内创业空间供当地的内创业项目使用。同时，高新区为这两类内创业孵化载体从全国配备专业的内创业服务团队，建立与当地企业的常态化对接联络机制，强力推动老企业"长新枝"的内创招商模式落地。

（2）"政府-企业"共建内创产业园

政府与龙头企业共建产业孵化园区是政府下场搭台推动内创招商的另一种有效方式。政府提供土地、政策和配套公共基础设施，龙头企业则投资建设专业化产业园，将内部创新孵化项目或投资的产业链上下游初创项目放在园区中，推动产业生成。

实践中，政府和龙头企业双方都喜欢共建产业孵化园区的模式，原因有三：一是沟通成本低，双方熟门熟路，使得政府为园内孵化项目提供服务的边际效益大大超过全新招商的入驻企业；二是企业的孵化成本低、赋能效应明显，比如内部孵化项目人员甚至不用跟政府相关部门的人熟识，而只需要通过母体企业部门人员与政府沟通即可顺利办理相关业务和享受政策红利，这让孵化团队可以专心做自己的事；三是成熟的龙头企业对市场需求的把握远比政府强，眼光"毒辣"，它们投资建设产业园后一定不是盲目地找项目，而是根据前期积累的专业能力和对市场需求的把控力，精准选择项目进行逆向精准孵化。由企业来选项目，而不是由政府选项目，省了政府的一大波精力，可谓一举两得。

需要说明，在政府与企业合建的产业园中，孵化入驻的项目既可以是企业自身孵化的创新项目，也可以是企业在全球创新投资的有潜力项目，还可以是政府招商引入的相关项目，都能放到该内创孵化园区中进行本地化放大和产业化。

【案 例】

无锡高新区－阿斯利康共建I·Campus孵化园区

阿斯利康是一家总部位于英国的全球领先的制药公司，在17个国家设立了生产基地。1993年，阿斯利康的前身阿斯特拉公司在无锡高新区设立，是无锡最早的外资企业之一。基于与无锡市及高新区的战略互信和良好合作，阿斯利康于2001年投资落成了无锡供应基地，又于2007年设立了阿斯利康（无锡）贸易有限公司，成为其亚太地区最大的生产供应基地。经过在无锡高新区的多年发展，阿斯利康（中国）成为中国处方药市场第一大跨国制药企业和在华增速最快的跨国制药企业之一。

显然，阿斯利康已经成为体量大、实力强的行业龙头企业。在探讨下一步发展时，公司提出要从传统制药企业向创新平台型企业转变。为达到这一目标，阿斯利康通盘考虑后，决定与无锡市政府继续合作，在无锡高新区建设全球创新孵化平台，一方面孵化内部创新项目，另一方面招揽全球产业链上有潜力的国际初创项目入驻。无锡市政府全力支持阿斯利康建设产业孵化园区的设想并积极推动。2020年4月，阿斯利康无锡 I·Campus 国际生命科学创新园正式全面启用，并举办入驻仪式。包括5家新签约企业，总计10家企业领取钥匙入驻园区。

无锡 I·Campus 国际生命科学创新园是由无锡市政府、无锡高新区政府与阿斯利康联合打造的生命科学产业孵化创新平台，聚焦4D产业要素（药物、器械、诊断、数字化），携手国内外政、产、研、学、医、投多方力量。这样一个新型园区颠覆了以往国内生物制药行业产业园区要么由政府主导、要么由企业主导的同质化模式，它相比传统模式更有利于孵化和吸引高价值创新项目留在本地成长壮大。政府在其中发挥了定制化的独特作用，并与阿斯利康的全球资源、专业选项目能力和眼光深度融合，让内创招商落到实处。

政府作用：提供"基建+政策+风投+专业服务"

首先，政府在 I·Campus 园区基础建设上给予大力支持；其次，政府政策加持，无锡市在2020年先后出台《关于加快推进无锡市现代生物医药产业发展的若干措施》和《无锡市现代生物医药产业高质量发展三年行动计划（2020—2022年）》等精准的行业政策，并专门为 I·Campus 量身定制了一站式绿色审批及一揽子优惠政策，解除了孵化初创企业的后顾之忧；再次，园区专门配套了风投基金，解决了初创企业在资金上面临的压力；最后，政府利用前期培养锻炼出来的行业服务团队为孵化初创项目提供相关专业服务。

这里有必要指出，政府经常说自己要提供专业服务，但往往提供的是基础服务，不能真正满足企业需求。I·Campus 提供的服务，恰恰切中初创项目和企业真正的痛点。

生命科学领域的产品注册周期长和临床试验与申报时间长是初创企业以往最头疼的。2020 年，江苏省药监局和无锡市政府达成战略合作，在 I·Campus 内设立了为专业化报批流程进行指导的"无锡高新区生物医药产业创新发展服务中心"。该中心由国家药监局和江苏省药监局为园区企业提供指导，并提供政策法规与技术咨询、市场准入相关材料审核、集中上报、补正辅导等专业服务。通过这一"药械准入绿色窗口"，生命科学创新企业项目的产品注册申报和服务工作得以极大提速。此外，无锡政府与 I·Campus 共同引入 SAS 赛仕（云脑）、泰格医药等 CRO 商业服务企业，加上无锡提供的市级临床资源平台，共同为园区企业提供临床实验服务、新药研发服务、药物临床检测服务、医疗器械检测服务等专业的第三方服务，将使初创企业和孵化项目在临床试验和临床申报过程的时间大大缩短，审批效率大大提高。之所以能做到这一点，是因为当地多年来对生命科学产业的关注使当地政府更"懂"产业，能针对企业痛点量身定制专业政策、提供专业服务。

第四章 | 内创招商：激发存量生成产业 |

企业功能：提供"全球资源＋精选项目＋创新孵化＋产业链伙伴"

阿斯利康作为行业龙头企业，通过自身的全球网络资源、国际管理经验和商业化发展平台支持I·Campus及入园企业的发展，这使得I·Campus相较于其他生物医药园区更"懂"企业：第一，I·Campus提供自身的全球产业资源和全球化网络，初创企业将自己的产品与阿斯利康的治疗方案整合，进而融入阿斯利康的全球网络体系，帮助初创企业迅速商业化；第二，I·Campus用自己的独到眼光全球筛选项目，省去了政府招商人员"看不准、看不透"的问题；第三，I·Campus为初创项目提供孵化指导、专家咨询、企业指导、解决方案整合等，同时提供海内外市场洞察、产品概念验证、商业创新合作、销售授权和代理推广等服务，进而为初创项目打通商业化渠道体系；第四，入驻I·Campus的企业可以获得真金白银支持，阿斯利康与中金资本联合设立了10亿美元全球医疗产业基金，对有潜力的项目提供融资，获得融资的企业在扩张时还能获得政策激励和孵化加速等一揽子配套服务；第五，I·Campus为高质量的初创企业提供订单，使之有机会成为阿斯利康的合作伙伴。

对无锡市政府来说，内创招商模式需要政府和企业之间有很高的了解和信任——无锡和阿斯利康恰好是为数不多能够达到这种高度互信的组合。这种理解和信任背后恰恰是良好的产业生态发挥了关键作用。

政府部门要打造什么样的内创服务链

内创招商的核心是"政府如何推动企业开展内创业",通过各种办法把企业的内创业项目留在本地发展壮大。那么,政府究竟如何支持才算到位?实践证明,关键是打造一种能持续推动企业内创业的服务链。

政府提供精准服务、打造好的营商环境,这事说了很多年,在内创招商中显得尤为重要。因为它既涉及母体企业、内创业项目,又涉及当地产业资源、配套条件和营商环境,还涉及政府的精准政策制定与专项服务等多方面,是一个包含多个参与主体并持续交互作用的复杂生态。具体来说,政府的内创服务链是一个包含"精准定策——组织推进——服务搭台"的三段式链条。

第一段:精准定策,提供政策生态

政府结合本区域实际情况,推出面向企业的内创招商政策,研究出台推动本地区内创业工作的配套措施。一是采用科技后补助、人才引进优惠等方式,鼓励高新区内的国企、民企推动内创业,将其作为一项科技计划来推动。二是开展"园中园"的内创业计划,划定重点行业和重点区域开展内创业试点,对达到内创业标准或条件的企业给予政策支持,以"试点+推广"的方式推开。三是结合本地孵化器发展情况,把一部分孵化器改造升级为"内创业专用孵化器",通过政府的政策引导和市场的资源配置能力,推动内创业工作提速。四是配套一笔内创业专项资金，撬动社会基金投资内创业项目。

第二段：组织推进，制定内创业认定标准和服务标准

在制定相关配套政策的基础上，政府要明确以组织化方式推进相关工作。一是明确主管部门，比如高新区可以依托创新创业服务中心或科技局进行管理；二是组织制定内创业3年规划，让企业有稳定预期；三是组织制定并实施《内创业管理办法》，确立内创业的认定标准和服务标准；四是明确节点目标，定期对全区内创招商情况开展评价，诊断问题和找到不足，为科学决策提供参考。

第三段：服务搭台，引入专业机构

政府从全国范围选择、引入优质的内创业专业服务平台，为本地企业提供"理念培训——要素调研——场景对接——项目筛选——项目辅导——项目退出——评价优化"的创新服务链。一是组织内创业理念宣贯和模式培训，组织区内企业前往全国内创业标杆企业游学；二是调研本区域的内创业条件和要素，梳理内创业场景供给和内创业孵化需求，搭建内创业的供需对接平台；三是协助高新区制定内创业规划和配套管理办法；四是基于申报、大赛等方式征集和筛选项目；五是打磨项目，为重点培育的内创业项目提供高进阶和重度赋能辅导；六是协助内创业公司完成上市、并购等动作。

上述三段服务就构成了一个优良的内创生态服务链条：上游出台激励政策，营造内创氛围和模式培训；中游出资搭建内创业的供需对接平台，配套内创业专项资金，撬动内创业社会基金，帮助企业筛选项目和打磨项目，为重点培育的内创业项目提供高进阶和重度赋能辅导；下游协助内创业项目完成扩张、上市、并购等动作，并进行后评价。

内创招商容易踩哪些坑

作为一种新的招商理念和落地模式，内创招商如果操作不当很容易踩坑。内创招商有门槛，不是谁都能做的，它需要该区域具备相应的内创业土壤，对城市招商部门的要求较高。下面介绍三个看似简单实则常踩的大坑，供政府做内创招商规划时提前规避。

第一个是理念的坑。即政府对内创业的理解不深、认知不够，只将内创招商当作一种权宜之计而非长久大计，导致缺乏系统的谋划。这会让政府在推动内创招商时的动作变形，比如对内创业试点企业的选择不准确，对内创业生态的理解不到位，对内创业缺乏长期支持等。

新招商首先就要转变思维。政府在推动内创招商工作时，具体要转变两个思维：一是确立"存量就是最大增量"的思维，存量是招商最宝贵的财富；二是透彻理解内创业，深刻把握内创业在寻找新赛道、培育新产业、激发内部活力和吸引创新人才等方面的规律，将内创业视为政府招商工作的新武器。

第二个是模式的坑。即政府没有根据本地实际情况正确选择高效落地的内创招商模式,或只认准一种模式而非"组合拳出击",都有可能错失内创招商的机遇。比如只出台鼓励企业开展内创业的政策,却没有通过建设内创平台的方式加以推动,就会导致"雷声大雨点小"或者"撒胡椒面"的情况出现。要在一个区域或园区推广内创招商,最有效的方法是先做试点,当一个成功案例出现,很容易形成示范效应,最后形成"政策先行、试点跟进、选择重点、全面推开"的局面。

第三个是政策的坑。政府急于求成,缺乏长期"陪跑"和构建"生态"思维,推出的内创招商政策不精准,或只有理念和口号但缺乏专业化举措,导致政府仍然延续传统的招商惯性思维来推动内创招商。比如,缺乏对内创业理念的宣贯、培训和铺垫,也缺乏配套的专业机构负责具体运营,没有真正把营造内创业生态作为重中之重,都会让内创招商的效能下降甚至半途夭折。

需强调的是:内创招商见效需要一个长周期,是一种"耐心"招商。用3~5年的时间去激发存量、培育增量,才会最终收获鲜花与美酒。

▶ 关键抓手

抓手一 推动内创业培训和游学

针对招商人员和园区企业开展内创业理念导入和落地模式系列培训,遴选内创标杆企业考察游学。

抓手二　举办内创业大赛

定期举办内创业大赛，征集筛选本地区有潜力的内创业项目。

抓手三　建设内创业"园中园"

在园区内划出一块区域，政府自建内创平台或与企业共建内创产业园，提供配套资源和赋能手段，推动园区企业的内创业项目落地。

抓手四　出台内创业管理激励办法

出台专门的内创业管理激励办法，将内创业作为一项科技计划来抓，鼓励园区内的国企、民企推动内创业。

抓手五　引入专业内创业服务机构

引入专业的第三方内创业服务机构，为本地区企业提供项目筛选、辅导、上市、退出的全流程服务，为政府定期提供全方位评估报告。

抓手六　改造升级一批内创孵化器

将园区内的部分国资孵化器改造升级为专门的内创孵化器和科技内创业加速转化平台，推动内创业项目孵化和放大。

抓手七　成立内创基金

成立一支专门投资企业内创业项目的基金，引导和撬动社会化资本，政府少量出资，由专业的GP人员运营。

第五章

资本招商：催化加速生成产业

核心观点

▶ 新形势下，资本招商必须来一次深刻调整，从传统的"以投带引"落地大项目迅速调整到"以投促孵"，推动创新项目落地并生成产业。

▶ 资本招商绝不只是"砸钱"那么简单，而是必须提供从项目孵化到产业化放大的全程赋能与资源聚合才能真正发挥作用。

▶ 破解国资"不愿投""不敢投"的困境，必须科学设置容亏率，提高国资的风险容忍度，营造宽容失败的氛围。

2025年年初，杭州"六小龙"火出圈。当人们探究背后原因时，几名创始人都讲到一个令他们无法拒绝的理由：在企业早期急需资金时，当地政府迅速将资金打到账上，解了燃眉之急……这让几家公司纷纷坚定地表示要留在杭州，成为2025年让各地政府深思的一个招商事迹。其中蕴含的就是资本招商的独特之处：国资用得好，它会成为大企业招引和科技型创业企业成长的利器，收到奇效、长效和真效；可一旦操作不好，就可能掉入内卷模式，出了钱还不讨好。

必须看到，某些地方政府的视野、魄力、财力和招商引资机制已经成熟，收获颇多。然而，还有不少地区仍然面临一系列问题：国有资本该怎么投、投给谁、如何发挥最大效用？这些问题一直是争论的焦点和实操难点。本章就来探讨国资如何在产业生成中发挥催化加速的作用，探索各地政府如何既跳出传统模式内卷，又找到适合自己的资本招商模式。

第五章 | 资本招商：催化加速生成产业 |

资本招商有哪些新趋势

2025年1月，国务院一号文首次聚焦于政府投资基金，提出"不以招商引资为目的设立政府投资基金"。相应地，各地要转变以往的资本招商思维，从招商变为造商，从行政主导变为市场化培育，从投资重点大企业、大项目到投早、投小、投科技。事实上，在高质量发展的目标导向下，新兴产业和科创类企业对资本、现金流、股权投资等需求越来越高，以往免租、税收优惠、奖励补贴等政策比拼式招商对这类企业的吸引力明显下降。

资本招商是指政府基于投行思维，通过地方融资平台单独出资或与社会资本共同出资设立政府投资产业基金，采用股权投资、并购等市场化方式，针对经济社会发展的重点领域和薄弱环节，通过投资孵化、赋能培育吸引和推动创新项目落地，支持产业生成的新招商模式。目前，运用投行思维开展资本招商已成为各地生成新产业、培育强产业的利器。

新形势下，资本招商绝不仅仅是国资砸钱吸引大项目落地那么简单，而是以投资推动创新项目孵化落地和产业生成，并且必须配套诸多新的落地方法和强力赋能，才能真正发挥作用。资本招商由此呈现与以往不同的诸多新趋势。

趋势一：资本招商从以国资砸钱吸引大项目落地，转向早期科创项目和上市科创公司的"一头一尾"两端，推动产业落地生成

在以往的招商模式中，政府资金介入要么是以提供补贴、奖励为主，产业入股较少，这对产业项目从孵化到产业化的刺激有限；要么以大手笔砸钱到大项目上吸引其落地，短期内有收益但难以获得产业生成的长期红利。如今的资本招商是以多种形式、多个阶段的资金引导和项目投资为手段，一方面投资初创期的科技类项目推动其孵化和放大、押注未来产业，为地方经济的可持续发展和弯道超车播种育苗，另一方面针对优质的上市公司通过并购或认购等方式推动产业整合、产业升级落地，向"两头"聚集的趋势越来越明显，政府在其中的角色变为风险投资者甚至"创业合伙人"。

趋势二：资本招商对创新项目的投资越来越精准，"撒胡椒面"式的投资招商越来越受冷待

资本招商的核心目的是生成新产业，而不是简单培育孵化几个创新项目，因此一是投资额度不低，二是要求精准选择项目，三是需要耐心陪跑和战略赋能，最终才能达到招商目的。传统"撒胡椒面"式的投资手法不适用于资本招商工作，也难以生成新产业。

趋势三：资本招商需要从项目孵化到产业化放大的全程赋能与资源聚合才能发挥作用

传统观念对创新创业投资的理解较为狭隘，认为只是在科创项目的合适阶段进行股权投资、在合适时机退出，这是老套的"股权投资——退出获利"路径。如果政府主导的各种母基金及其子基金也一直秉承这种思维，只会把自己逼到死角。在如今经济复苏缓慢、退出条件收紧、优质创业项目稀少的情况下，不再是好项目坐着等你投，而是如何挖掘好项目、陪着好项目共成长，从孵化阶段就必须发挥出资本独特的资源聚合和赋能功能，打通科技成果转化和创新链产业链上的堵点生成新产业。只有这样才可能真正抓到好项目，并让好项目在本地落地，达到招商目的。

趋势四：资本招商方式多元化的趋势明显

资本招商绝非单一方式，而是围绕本地产业生成需求打造的"种子——天使——创投——产投——并购"多阶段、多元化投资运营体系。不论是基金丛林、产业基金群、产业基金矩阵，还是直投招商、定增招商、并购招商、支持基础设施建设招商等，都是用来推动科创项目和初创企业落地、生成新产业的操作手段，目的是通过政府引导、市场化运作、专业化管理，撬动更多社会资本广泛参与招商引资，探索建立资本招商良性循环，实现资本链、创新链与产业链的有机结合。

趋势五：资本招商的耐心资本、战略资本属性越来越强

产业生成是一个长周期事件，绝非短平快就能见效；资本招商同样是用一种耐心招商，地方政府及产业园区必须与企业共同成长、长期陪跑已日渐成为招商引资的共识，也成为打造良好营商环境的方向。国务院一号文明确规定，按照投资方向，政府投资基金主要分为产业投资类基金和创业投资类基金，鼓励创业投资类基金采取母子基金的方式。这恰恰给了资本招商一个新的方向，从原来以成熟产业为投资标的实现大项目招引而设立产业投资类基金为主的模式，转为以生成新产业为目标的创业投资类基金。能否用耐心陪跑、能否用战略陪伴将成为资本招商效能好坏的最大决定因素。

▶ 常见问题

资本招商有几类核心模式

资本招商的基本逻辑是国资平台"投资吸引——项目落户——产业生成培育——资本择机退出"的四步曲，其中用投资吸引和推动孵化培育是关键。为此，政府通常要建立项目生命周期内一整套的"种子——天使——创投——产投——并购"政府投资基金组合。这里面有三个关键实操点。一是资本招商的钱从哪儿来，二是政府投资的形式（构成），三是具体的投资方式。

关于钱从哪儿来，要么来自政府的预算安排，要么来自财政资金增资，要么是国企战略重组成立母基金（以上均为单独出资），或与社会资本共同出资设立政府投资基金。背后都是国资运营平台在具体运作。

关于政府引导基金的构成形式，主要是成立以母基金为基础的基金丛林（基金群、基金矩阵），即母基金＋产业基金＋子基金等。比如，苏州成立的相关基金包括战略性基金、产业创新集群基金、专项产业基金、子基金四部分。政府基金在其中主要发挥引导作用。

关于投资方式，既有直接投资，也有母基金的间接投资。在操作手段上，主要有股权投资、基金投资、混改投资、财务投资、融资发债等，由此形成了直投招商、专项基金招商、定增招商、并购招商、子基金返投招商等资本招商类型。

不管是哪类方式，不论是国资领投还是参股，核心都是股权投资，"以投促孵、招引落地、投后赋能、投资并购"是基本手段，由此形成六类主要的落地模式。

1. 早期项目孵化投资招引落地

这是指政府针对早期科创类项目和团队，通过在其孵化阶段投资占股吸引其落户本地发展的招商模式。很多有潜力的科创类项目在发展早期缺少资金支持，迫切需要天使投资和其他必要配套，这在很大程度上会决定项目对落户注册地点的选择，因而成为政府资本招商的一种重要选项。

【案 例】

深圳国资的"孵化投资＋科技园"模式

深圳国资在为本地众多科技园招商的过程中，在创业团队孵化、成长和成熟过程中适时开展股权投资，并辅之以租金优惠，解决中小微科技型企业"用地贵"的难题，以此不断吸引相关团队落地科技园区，实现国企投资与地方产业的有机融合。比如，深圳湾科技发展有限公司对入驻园区的企业提供七折租金优惠，同时规定园区运营方有不超过5%的"优先跟投权"，通过前期租金优惠、资金和技术入股等具体方式，招引和参股一批中小微创新型科技企业，在生物产业、人工智能、文化创意等领域形成发展新优势。

2. 全程投资培育产业招引落地

这是指政府聚焦产业生成的全过程，针对创新型人才、项目、企业的不同发展阶段和需求，通过多元化的资本手段打造基金丛林，在项目从初期成果转化到成长期、成熟期的不同轮次进行股权投资，全程投资孵化培育实现招引落地并最终退出的一种招商方式。

在实践中，有两种操作手段。一种是全程保姆式的投资培育产业，另一种是针对龙头和小微企业的定向投资培育。

【案 例】

企业（项目）全生命周期投资的苏州模式

苏州市在高端制造、人工智能、生物医药、新一代信息技术、航空制造等领域都处于全国领先地位，这与其构建完备的科技金融体系支持资本招商密切相关。从企业初期成果转化的种子轮、天使轮，到成长期、成熟期的不同轮次投资与退出机制，让苏州市的真金白银用在刀刃上，招引了大量企业和科技成果转化项目落地。苏州市的资本招商逻辑与做法如下。

一是成立产业母基金，支持重点产业发展。2017年，苏州国发集团协同招商银行、江苏银行等发起成立市场化运作的母基金——苏州基金，重点支持生物医药、新能源、新材料、智能制造、节能环保等战略性新兴产业，肩负着推动苏州产业转型和创新发展的使命。基金首期规模120亿元，其中苏州国发集团出资59.4亿元，持股比例达到49.5%，是苏州基金最大的LP（有限合伙人）。

二是天使母基金，助力初创期企业成长。2021年，苏州天使投资引导基金（以下简称苏州天使母基金）正式揭牌，它采用"母基金+子基金"的运作模式，由市政府设立、市本级和全市十个县级市（区）财政共同出资，总规模60亿元，旨在吸引初创期中小企业和项目落地苏州和快速成长。

三是成立苏创投，承担全周期科技投资。2022年6月，苏州国发创投、苏州产投集团、苏州科创投、苏州天使母基金和苏州基金整合成立苏州创新投资集团有限公司（以下简称苏创投），注册资本为180亿元。2023年，苏创投发布了苏州千亿基金集群。其中，战略性基金4只，产业创新集群基金2只，产业基金18只，子基金17只，总规模达960亿元，汇聚三千亿创投资本。每类基金的招商目标明确，其中：战略性基金包括工业母机基金、中银科创母基金、泽适（苏州）先进技术成果转化基金及招发一体化基金；产业创新集群基金包括苏创工银产业创新集群基金、苏创建信产业创新集群基金；产业基金包括相城区先导智能车联网基金、太仓航空航天产业基金、张家港先进金属材料产业基金、吴中智能制造和机器人产业基金、苏创常熟创新产业基金等；17只子基金则主要与国内外社会资本和投资机构合作，投资苏州的科创型项目。

除了苏州这种全程投资培育产业外，还有一些城市在资本招商中采用精准模式，比如杭州、烟台和张家港。

【案 例】

精准的"基金矩阵"模式

2022年，杭州为实现生物医药产业的创新发展和项目落地，自上而下设立一母多子、市区联动的生物医药产业立体基金矩阵，采用直投、合作子基金投资等市场化运作方式，一方面加强与行业巨头合作招大引强，另一方面撬动更多社会资本助力中小微企业落地发展。基金矩阵通过参投引入嘉译生物、致众科技、深至科技等一批具备发展潜力的优质初创项目，为杭州生物医药产业注入了创新元素，同时集聚了一批如阿斯利康、复星医药、石药控股、启明创投等行业龙头企业。

山东烟台国资出资近20亿元通过股权投资模式引进了全球第七大半导体封测项目，全力打造半导体配套产业集群。通过"51∶49"混改投资招商模式，引入上海均和及瑞茂通、道生租赁等全国民营50强企业，打造金贸产业园，共吸引资金15亿元。

江苏张家港市设立了总规模15亿元的张家港人才一号母基金，联合卓璞资本、嘉溢资本等32个投资机构组成"风投加油站"，为优质项目提供"上不封顶"的金融支持，投资项目超百个，为招引培育战略性新兴产业项目提供了充足的资金支持。同时，张家港还借助专业投资机构成功招引瑞士安迈工程机械、日本揖斐电汽车环保材料等优质外资项目落户，汽车制造、智能装备等产业链竞争力得到全面提升。

3. 精准投资纾困产业招引落地

所谓纾困模式，是指政府资本在有潜力的企业、项目、人才团队陷入流动性危机或经营低谷的关键时点介入，通过议价和精准投资实现抄底纾困，从而持股企业并完成招商落地目标的一种方式。这种方式在有效引导被投资企业在产业布局和投资上向当地倾斜的同时，实现了国有资本的保值增值。科技创新领先的城市如深圳经常采用这种模式进行招引。

【案 例】

深圳国资的企业纾困式招商

任何企业都有资金周转困难或经营低谷期，此时政府是雪中送炭还是弃它而去，策略上的差异可以巧妙转换为产业生成招商的关键抓手。深圳国资深谙这一点，通过资本手段针对企业纾困开展招商，摸索出一条持续做大国有资本规模的新路。

深圳国资注重科学把控投资时机，选择在大型企业陷入流动性危机或经营低谷的关键节点介入，通过议价实现抄底纾困，进而完成对企业的控股和持股，顺势精准导入产业项目，完成招商目标。比如，2017年深圳地铁动用663.72亿元，从华润集团和中国恒大手中购入万科共计 29.38% 的股份，成为万科第一大股东。再比如，荣耀在生产经营遭遇困境时，深圳国资发挥投资功能进行战略投资，斥资 2600 亿元收购华为荣耀，不仅极大地缓解了企业现金流压力，帮助企业摆脱困境，而且稳定了产业链和供应链，为区域发展营造良好的投资环境，实现了企业发展和地方政府的共赢。

4."国资平台链主"打通创新链实现项目招引落地

资本招商的链主模式是指由国资运营机构牵头充当创新链的链主，以资本为抓手高效融合"政产学研用金"多方资源，通过构建创新联合体，加速科技成果转化并最终生成产业，从而实现创新项目落地和招商目标的模式。

链主模式的核心是由国有资本平台牵头，为项目从孵化到产业化全程提供深度赋能，打通堵点痛点。资本运营平台在这种新招商模式中发挥的作用与以往不同，不再是单纯的投资功能，而是产业生成全程的一个重度参与者、直接牵头者和坚定破冰者。

【案　例】

国资平台主导的战略创新联合体模式

创新联合体是当前突破关键核心技术、实现科技成果转化和产业化快速落地、打造新质生产力的重要方式。创新联合体以往有几种主导方式：大企业主导的创新联合体、新型研发机构主导的创新联合体、大学和科研院所主导的创新联合体。广东恒健在实践中积极探索，通过底层模式变革，形成了一种以金融投资平台主导的新型创新联合体模式，推动科技与产业深度融合。

广东恒健作为广东省财政厅下属的国资母基金企业，提出"以拥有核心技术的龙头企业作为创新联合体的核心"，形成了由牵头方、出题方、参与方、出资方及运营管理方五大主体共同构成的紧密合作与相互支持的战略创新联合体。牵头方广东恒健负责整合政、产、学、研、金资源，形成紧密的产权纽带；出题方由产业链核心企业及其研发中心担任，提出具体科研需求；参与方包括科研院所、实验室、高校等，为创新联合体提供科研支撑；投资出资方则包括联合政府、社会资本等多方力量，共同参与投资、建设与管理；运营管理方负责创新联合体的日常运营与价值分配。

在融策、融资、融企、融智核心策略的基础上，广东恒健强化科技创新与产业创新的深度融合，打通了"基础研究－应用研究－中试－产业化"全链条各环节堵点，在种业、AI药物研发、智能医疗和商业航天等赛道加速科创项目的孵化和新产业的快速放大并最终在本地落地。

5. 国资认购上市公司股权招引落地

这是指政府确定产业投资方向和上市公司募投项目后，摒弃由双方组建合资企业的传统方式，借用资本市场由国资认购流动性较强的上市公司股权，上市公司拿到股权融资后自行在出资政府所在地落地募投项目的资本招商方式。这种方式避免了政府投入的固化和沉淀，为后期操作带来了一定的灵活性，也在一定程度上降低了政府出资的风险。

【案 例】

合肥国资认购上市公司股权和定增招商新做法

合肥政府在打造新型显示器、半导体和新能源汽车等新兴产业集群的过程中，充分利用了认购上市公司股权模式并尝到甜头，实现了"十年换道超车"，其具体做法如下。

首先，打造资本招商主力军。依托合肥产投、合肥兴泰、合肥建投三大国资投资平台，联合中信、招商等投资机构设立近千亿元的产业基金群，为产业生成构建多元化的科技投融资体系。

其次，推动上市公司募投项目落地。围绕投资前期、中期、后期的全链条需求，打造"引进团队——国资引领——项目落地——股权退出——循环发展"闭环。前期的重点是在引进项目和团队时进行审慎的尽职调查，降低投资风险；中期的重点是通过认购股份实现项目投资；后期的重点是提供强有力的产业配套服务，围绕产业上下游缺链环节打造产业生态，形成产业聚集效应。比如，为解决新型显示器缺"芯"问题，合肥市先后引进百亿级配套项目，包括设计、制造、封测、材料、设备等集成电路产业链上下游的关键配套环节，推动平板显示、家电等支柱产业的快速生成并由此保持多年高速增长。

最后，设计适时的国资退出机制，资金循环投入新产业领域。合肥市遵循"不求控股、及时退出，循环投资"的原则，产业向好发展后就以恰当方式退出，再投入下一个项目，实现资本循环。例如，为支持京东方北京8代线项目建设，合肥融科、合肥建翔共出资80亿元参与京东方定向增发，直接推动京东方8.5代线和10.5代线落地合肥，基板玻璃、偏光片、模组等产业链上下游企业也相继落户。京东方项目在完成6代线、8.5代线项目建设后，合肥国资通过二级市场减持完成投资退出，为新的投资积累资金，实现良性循环。

合肥市一直不遗余力地采用定增招商和上市公司股权招商这样的方法，但很多人也许会质疑，股市有风险，如何确保国资的安全？

不妨看一下合肥国资重仓22家上市公司的业绩收益回报。资料显示，合肥国资重仓股中，2024年前三季度超八成公司实现盈利，超五成公司归母净利润同比增长。其中，合肥建投重仓的欧菲光在2024年9月24日至11月12日股价涨幅为126%，是市场牛股之一。

合肥建投重仓欧菲光背后也是一个雪中送炭实现产业生成招商落地的故事。合肥建投与欧菲光结缘于2021年，彼时公司正处于业绩下滑期。受境外特定客户终止采购关系等因素影响，2021年前三季度，公司归母净利润同比下滑105%。2021年9月，欧菲光定向增发5.68亿股股份，募资总额为35.3亿元，其中合肥建投集团以12亿元的资金，获配公司1.93亿股增发股份。随后，合肥建投曾减持该公司股票，2024年三季度末合肥建投持有公司1.63亿股股份。按2024年11月12日收盘价计算，合肥建投该笔投资三年账面盈利超20亿元。

不难看出，合肥国资投资有几个经验值得借鉴。首先，所投资的企业均符合国家大战略及城市的产业发展方向，如京东方A、欧菲光等公司均属于战略性新兴产业；其次，企业危难时的雪中送炭式投资而非得意时的锦上添花式投资，更易获得企业认可。合肥市大手笔投资的京东方A（000725.SZ）、蔚来（09866.HK）、晶合集成（688249.SH）等公司，在度过困难期后的陆续崛起，不仅给合肥国资带来可观收益，也将部分生产基地设立在合肥，成为该市近年来GDP快速增长的重要助力。比如，出资70亿元收购蔚来中国24.1%的股份，据测算该笔投资合计持有投资盈利超1000亿元。最后，国资长期持有、积极赋能，帮助企业实现成长后择机获利退出，不仅实现招商落地，还会保障国有资产保值增值。比如，合肥国资2024年收购了主业为半导体封测专业设备供应商的文一科技［现名三佳科技（600520.SH）］后，协调自身的优质资源实现与该公司业务的协同发展，提升公司核心竞争力。

必须指出，合肥国资的这种模式并非有100%的成功率，它也要经历试错甚至多个投资失败，所以简单地照抄合肥经验并不可取，很可能会面临大面积"烂尾"。然而，当你不在大海中游泳，你就永远学不会游泳。只有下海实操，才能逐渐培养出自己的战略眼光和定力，最终收获资本招商的硕果。

6. 国资收购"揽A"式招商

这是一种近些年来越来越常见的资本招商方式，政府国资通过"揽A"实现对上市公司控制权的收购，从而将优质上市公司引进当地，为当地产业集聚、技术突破和产业链做大做强撑起新空间。

早期，国资对上市公司的收购多为纾困式的被动收购，如2018

年北京国资对三聚环保、东方园林等民营上市公司的收购就是如此。经过几年发展外加形势的变化，国资 A 股并购开始转向战新并购和强优并购，即并购具有战略性新兴产业概念、市值不高但拥有强成长潜力的优质上市公司，收购往往止步于"10 亿元门槛"，股权占比通常介于 10% 至 20% 之间，采用的是"花小钱办大事"的思路。从实际发生的案例来看，2024 年地方国资入主的上市公司标的主要集中在广东、江浙等发达地区，这里民营上市公司数量众多，收购对象多集中在主板市场，它们商业模式成熟、财务业绩较好，成为国资收购的优先选择。

不难看出，地方国资对上市公司控制权从被动收购到主动出击，背后恰恰体现出政府资本招商策略的变化：国资拿下上市公司控股权，更有利于将优质产业引进当地，直接、高效带动当地产业发展，实现税收增长和产业竞争力提升。比如，湖北国资收购的奥特佳新能源科技股份有限公司，是一家成立于 2000 年的汽车热管理技术开发公司，在汽车空调压缩机和汽车热管理方面位于国内龙头地位。湖北国资引入这家企业，将助力湖北汽车零部件细分行业的强链补链延链，迅速提升湖北汽车零部件行业的整体竞争力。

国资以 LP 身份参与上市公司收购，是在原来关注一级市场初创企业 IPO（首次公开募股）之外进军二级市场的一种新招商策略。上市公司的价格虽然高，但发展确定性更强，政府可以当作一个产业整合和优质资产注入的平台。事实上，随着独立 IPO 难度的增大，扶持培育本地企业上市之路难度提升，通过投资或并购交易获得企业股权或控股权，进而整合本地产业成为更快捷的路径，最终达到发展和更新地方产业和经济的目的。

资本招商需要什么生态才能更好落地

无数案例证明，资本招商的成功绝不只是靠砸钱，更需要配套产业生态，通过生态的力量助推项目的快速成长和产业生成。很多招商人员有一种简单化的思维，以为给了钱招来项目就是成功招商，却忽视了项目成功的复杂度和高难度。事实上，并非好项目都能活下来，资本之外还有太多影响因素会导致项目失败和破产。其中，依靠生态的力量推动项目成功是重中之重。

生态是什么？生态就是既有大树也有小草，既有高山也有溪流，这就像人体既要有主动脉，还要有大量的毛细血管才能维持人体正常运转。

然而，现实中很多地方政府只顾着建造主动脉，却忘了还要构建丰富的毛细血管才能让整个产业园富有生机活力。所以，在资本招商推动产业生成的过程中，必须沉下心去有耐心、有计划地把地方投资的土壤培育肥沃，让各种相关"养料"充足，才是正道和活力之源，而不是总想着"憋大招"引入龙头企业或面对产业新势力去一味地"延链补链"。合肥、杭州、武汉、深圳等地的生动案例，一次又一次地证明了培育生态的价值。那么，资本招商生态包含哪些关键因素，它们如何相互作用良性运行？对这个问题的回答，直接关系到政府推动产业生成措施的出台。

图 5-1 总结了资本招商生态的六个关键点：

一是政府投资基金引导目标清晰，即"一头一尾"，投小、投早、投科技与优质上市公司募资标的项目认购并购相结合；

二是资本招商必须与当地产业发展方向匹配，有强关联；

三是必须有相应的产业配套基础，否则砸再多钱也白搭；

四是必须有专业的市场化团队进行审慎尽调；

五是必须提供全程的精准赋能和服务，要扶持；

六是必须设计好风险防控机制，进行精准风控。

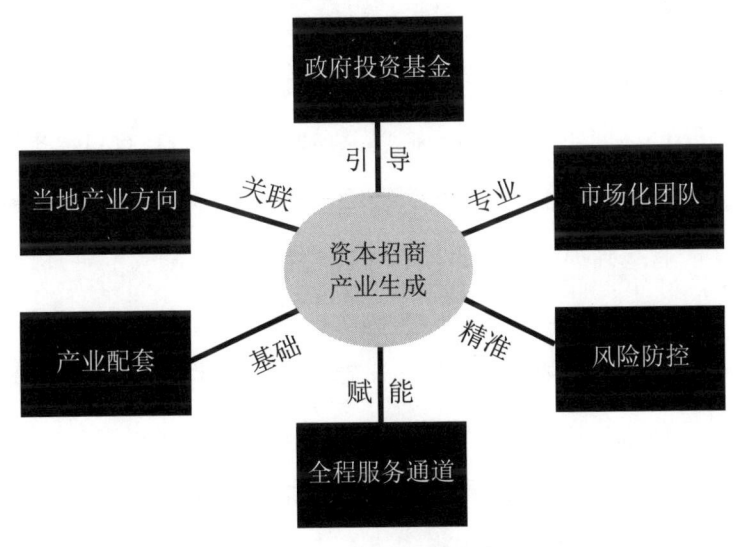

图 5-1 资本招商生态

生态要素一：起关键引导作用的政府投资基金

2025 年国务院一号文明确指出，按照投资方向，政府投资基金主要分为产业投资类基金和创业投资类基金，鼓励创业投资类基金采取母子基金方式。结合当前资本招商的实际情况，政府投资基金未来的引导作用重点关注两个方向：一个是投小、投早、投科技的耐心资本创业类投资，另一个是优质标的上市公司的并购或认购类投资。此外，要打造资本招商的良性生态，还有两个潜台词：一是从招项目到招资本，要吸引外面的基金和大量的风投进来，形成一个本地活跃的资本市场；二是一个产业领域扶持起来了，就要及时退出来，再去做另一个产业项目，形成良性循环，这是一种较好的政府基金投资方式。

生态要素二：明确的主导产业发展方向

之所以说当地明确的主导产业发展方向是资本招商生态的关键因素，是因为很多地方会"跟风式"投到同质化项目，盲目追逐风口。比如，三、四线城市也要投人工智能、航天航空等，与本地的产业资源、产业基础很难匹配，就有可能成为生态上缺失的一环。有了战略主导产业方向，就会在一个框架内结合产业需求去培育和生成产业。这里有两个要点：一是必须确立明确的主导产业，这样不至于跑偏或看到什么流行就投什么，而是有强的战略定力；二是主导产业方向的存在会形成一种产业生成思维，旨在系统化地生成产业而不是零敲碎打式地引入单点项目。

生态要素三：产业配套

夯实产业配套基础是通过资本招商生成壮大产业的核心条件。这背后也有两个潜台词：一是当地要有现成的产业配套基础和基础设施，能够为新产业的生成提供一定的前置基础；二是从产业生成角度看，如果主导产业的发展缺乏上下游配套或配套率很低，政府就应该快速引入产业链配套项目加速补链，实现产业的集群式发展。

生态要素四：市场化团队

资本招商的投资决策、实际运营和投后管理都需要有专业人员去完成，资本招商生态中的"团队"包括三类人：第一类是政府本身的招商团队，第二类是基金运营实操团队，第三类是投后服务管理团队。"市场化"则是指团队有市场化思维、用市场化手段、靠市场化生存。政府招商人员本身要有产业先见能力，基金运营团队可以多用社会化、市场化的专业团队，鼓励他们先试先行，敢于出手；管理团队则是投后的服务和管理考核，要专业和果断。

生态要素五：精准赋能和关键服务

项目成长和产业生成需要全程的精准赋能和关键服务。政府都知道要赋能和服务，但往往赋能不精准、服务也不关键。精准的赋能不是基础赋能，而是在项目自身无法解决、需要外力相助的关键痛点由政府为其提供赋能，比如说为创新项目开放应用场景或快速提供必要资质等。关键的服务是指在项目办理关键手续或需要资源对接时由政府帮一把给予扶持，比如开通绿色通道、加快审批速度、降低流程和制度成本、搭建有效的资源对接渠道等。提升服务质量、改变营商环境说得简单，做起来很难。

来看看江苏常州和江阴政府的做法。

常州高新区推出"准入即交底、注册即领照、拿地即开工、开工即接电、竣备即发证"的"5即"高新速度，成为常州高新区优化营商环境、提升重大项目服务水平的关键一环。比如，河海新能源超导热芯高端装备项目是2024年新列入的江苏省重大产业项目，随着业务规模不断扩大，公司不得不从各地零散租用厂房用于制造零部件。看到此景，高新区政府主动询问企业是否有自主建厂的意愿。政企双方一拍即合，选址、审批、揭牌、公示，一气呵成。为加快"四证四书"的审批速度，高新区政务服务中心发起联合审批，勘察单位、设计单位、施工总承包单位工作人员现场审核、现场盖章，翌日便实现了进场施工。正因如此，常州高新区营商环境连续数年列江苏全省前列。江阴政府一直强调"企业管好围墙内的事，政府解决围墙外的事"，逐步完成了从"重指令"到"强服务"的变革。江阴高新区腾地约1500亩建设了江阴微电子产业园，落户园区的江苏首芯半导体科技有限公司是一家从事高端半导体薄膜沉积设备研发生产的高科技企业，公司从首次洽谈到签约落地仅用了一个多月时间。

生态要素六：有效又灵活的风控体系

政府部门很清楚资本招商要进行风控，但往往会动作变形、远离目标。建立有效又灵活的风控体系要注意三个方面。第一个是政府要有正确的风险意识，风控做不到零风险，零风险不符合规律，更不是风控目标。风险投资都有"二八定律"：80%的项目会失败，20%可能成功，尽量找到那20%才是风控关键。第二个是对照现有的风险防控体系，建立补齐贯穿"事前——事中——事后"的风控体系。风控体系的关键是"有效",如果政府细看自身的风险防控体系,会发现很多都写在纸上,实际并没有做到,比如事前究竟怎么通过专业力量和多方把关做出科学决策、提高项目命中率,事中如何防止"长官意志"乱拍脑袋、提升规范化水平,事后怎样做到稳健顺利退出、降低国资流失。第三个是要有一掷千金的胆识和勇气,千万不能为了不出事而躺平,那样的风控体系只是变相的管控体系,最终会造成国资资源的隐性浪费,这才是最令人担忧之处。

综上所述,政府在进行资本招商时有必要先做一个动作,即借鉴图 5-1 展开生态诊断分析,找到自己的短板。如果我们用这张图分析合肥,就会发现它的产业投融资的成功并非单靠运气,更多的是找准产业投资切入点、优化市场化投资决策制度、打通创新服务产业通道、用好政府政策资金,以巧妙的方式把握住了投资机会,引进并发展了一批重点企业和配套企业,实现了产业集群式、规模化发展。

无独有偶,福建晋江市也打造了符合本地要求的资本招商生态,即建立分级协调调度制度,与基金管理团队开展协同招商。一方面,制定出台《招商工作全链条管理机制》《招商工作闭环管理"五定三评三调度"操作实施方案》等,设立 14 个重点产业发展小组,分别由一名市领导担任组长,建立分级协调调度机制,及时解决痛点堵点,不断提高项目落地转化率。另一方面,发起设立总规模 50 亿元的母基金,充分发挥基金管理团队熟悉产业的优势开展协同招商,通过为本地龙头企业嫁接科技、金融等资源,推动 80 个增资扩产项目相继签约落地，年度计划投资超 670 亿元。同时，聚焦集成电路龙头企业上下游配套，相继引进胜科纳米、中探针、颖华、盛维等产业链项目共 69 个，总投资超 700 亿元，极大地带动了上下游产业全链条创新发展，有效提升了资本招商的项目落地转化率。

国资如何择机进入和适时退出

与其他招商方式不同，资本招商既要考虑在什么时机投资招引创新项目，又要考虑怎么实现顺利退出，毕竟不是引入了创新项目就万事大吉了。进入时机和退出时机的好坏直接决定了资本招商的成败，这背后考验的是资本招商的机制设计能力。

首先，看国资进入的时机。

政府投资看准了时机就要退出去，但操作起来并不简单，这取决于项目本身的特点、国资耐心的程度、对项目的预判能力等。需要指出，政府的出发点是培育产业，不求回报或只求很低的回报，"扶上马送一程"是政府要做的；社会资本则讲究投资效益，到期就要退出。因此，政府投资与社会资本间可能会存在矛盾，政府看好的项目可能社会资本并不愿投。

项目的预判能力，就是政府看准产业方向和成功预判趋势的能力。这种看准是"大致看准"，而不能要求看得很精确，只要大航向不错就要坚持。这里还有一个重要问题，即对一些成熟行业如何选择战略方向。比如，半导体在国际上已经是一个成熟产业，其产业链的各个环节包括设计、设备制造、晶圆制造、封测等都产生了龙头企业，如果国资仍要投资入局，该如何选好切入点？

这里有几个破局之法。一是从新的技术轨道和新的技术路线，以及更早期的突破性技术等切入，以替代思维找到投资的有效途径，比如投资后摩尔时代的新兴技术路线；二是从暂时冷门的产品品类和细分领域找机会，从冷门中挖掘"热门"，比如从高端科学仪器设备切入；三是遴选并坚定不移地投靠谱的原创专业团队，尤其注重"原创"，即便经历波折也要信任团队而不是随意变动。

人们以往对政府投资的进入时机有一个传统认知，即项目早期风险太大，政府资金不宜进入；后期快上市的时候，社会资本蜂拥进入又不需要政府资金，所以政府资本招商的钱适宜在项目中期阶段介入，能让政府资金使用率达到最大化。然而，形势变化太快，如今各地都在虎视眈眈盯好项目，等看到项目快速成长的趋势再想进入，恐怕早已没有投资招商的可能性。所以，资本招商也必须遵循投早、投小的原则。如今，国内的产业创新发达地区如江浙一带，政府招商的触角已深入科研阶段和科研团队的最早期阶段，甚至在实验室阶段就已经盯上了有潜力的项目，给予研究经费支持。

国资究竟是早期孵化阶段介入，还是小试中试后再介入，或是在产业化并购阶段介入，抑或是在企业陷入经营低谷时介入，虽然没有标准化动作，但我们仍试图提出一个方案供相关部门参考。

对于看得不清楚、仍处在技术混沌期的未来产业类项目，拉长战线，政府可以同时资助几条技术路线的项目研究。

对于大致看得清、潜力大、符合本地产业方向的战略性新兴产业科创项目要早期介入，而且越早越好，采用政府和市场结合的办法甚至从实验室阶段就紧密跟踪提供经费支持和试错场景。

对于进入快速成长阶段的项目，政府应当加大投资，提供尽可能好的产业配套条件，推动其落地。

对于成熟的科技产业项目，尤其是科创类上市公司在经营低谷时，政府资金介入是一个很好的时机，但要注意方式方法，如通过股权并购或定增认购等方式。

其次，关于资本招商中政府投资的退出方式和时机，要遵循几个原则。一是市场化退出，二是优先分配，三是让利退出，四是强制退出。这些原则指向一个目标，那就是最大限度地控制政府引导基金的资产风险。在具体操作时，有以下几种方式。

一是资产证券化退出，主要是上市公司股份减持退出，即项目IPO上市后在二级市场获得投资收益，实现投资退出。

二是股权转让退出，即项目进展到一定阶段后，政府将所持股份转让给其他股东或其他投资者、法人及自然人、开发运营公司或由管理层进行股权回购而实现退出。

三是回购退出，是指政府投资基金投资期届满时，被投资企业未能达到约定的业绩指标或者完成上市/挂牌目标，政府投资基金要求被投资企业回购其所持权益。

四是并购退出，当项目被并购时，政府将所持股份出售从而获得相应的股权回报而实现退出。

五是项目清算退出，即政府以产业基金清算（或以注册资减少）的方式，获得产业投资基金应得的股权收益后实现投资退出。

六是减资退出，是当政府资金在项目中无法实现转让或回购时，与其他股东协商通过减资程序实现退出。

七是直接退出，即出现某些特殊情况，如项目存在违规行为等，政府资金可以无条件直接退出。

资本招商如何最大程度规避风险

当前社会上对政府资本招商一直有两种不同观点。一是政府做投行不靠谱，市场专业机构都投不准，政府凭什么能看得准、投得好；二是政府资本有很强的引导作用，在产业生成过程中恰恰发挥了市场化资本不可替代的作用。我们认为，单纯由市场或由政府来投资，在资本招商中都各有弊端，两者的融合协同、各司其职才是出路。但不论哪类观点，实质都是对政府资本招商背后风险的担忧和规避。不少城市的资本招商最终变为"无效招商"，就是踩到了各种坑。

那么，资本招商该如何避坑？

首先，我们要有一个基本常识，即只要是投资就会踩坑，资本招商也不例外。在这个常识下，如何最大程度规避风险、提升资本招商的效能是政府相关部门工作的关键所在。

其次，资本招商真正要规避的风险，既来自政府本身，又来自外界。下面是我们总结的五个坑，但凡资本招商工作出了问题，必定是踩了其中的某个坑。

第一个坑是盲目跟风急于求成的坑。资本招商是长期工程，需要耐心资本持续投资和坚定培育产业，如果当地政府看到其他城市的成功案例就不顾自身情况而盲目跟风投资追求短期政绩，极可能出现掏空国资的豪赌式投资并购，或出现大量同质化的低效投资，给自己挖下大坑。

第二个坑是超出能力边界的坑。资本招商需要当地有一定的产业基础，还要考虑本地产业资源和禀赋条件。如果当地的经济基础、产业资源、人才资源等本身就比较薄弱，还试图通过砸钱实现产业的蓬勃发展，这很不现实。因此，资本招商模式适用于有一定经济实力和产业基础的城市，产业基础薄弱的城市在选择采用资本招商模式时应慎重考虑。

第三个坑是项目选择失误的坑。选择项目不专业和管理水平滞后是资本招商决策失误的重要原因。这种情况一旦蔓延，就会导致投到"候鸟类"项目或错过好项目。

第四个坑是机制设计不合理、产业配套落后的坑。不少地方的"投资遴选——落地培育——退出机制"不完备，只重视前端投资而不重视后续的产业配套服务和精准赋能，或退出机制僵化等，使得项目成长和产业生成的土壤贫瘠，即便强行生长也只会出现瘦苗而非参天大树，导致招商资本的效能低下。

第五个坑是缺乏容错率、考核走偏的坑。不少地方不顾实际情况下达硬指标，不允许资本招商出现投资失败的情况。这种违背市场基本规律的做法只能让众人不敢投、不愿投，实质是制度设计的控风险能力弱。

解决办法如下。

一是牢固树立资本招商是"用耐心资本培育产业"的观念。

资本招商是一项专业性极强的长期活动，政府相关部门领导和招商群体树立"用耐心资本培育产业"的观念是提升资本招商效能的第一步。以招商人员的观念转变为例。资本招商要求招商人员的综合能力强、具备战略眼光，这样才能真正从长期看待自己从事的工作。一个有效做法是把每个招商决策人员都培养成"两个半人士"：半个专业人士+半个投资人。让招商决策人员具备"产业先见力"，通过专业性的提升反过来影响决策的长期科学性。

事实上，很多招商人员学的专业和之前的工作都与招商无关，要提升招商人员的产业感知力和先见力，需要至少做两方面工作：一方面要让其熟悉项目的特点（如技术驱动还是市场拉动，或两者结合）、了解项目在全球产业链中的地位、考虑产业发展的周期阶段；另一方面要给其锻炼实践的机会，聚焦一个专业方向"在干中学"，不断跟企业打交道、跟业内专家交流，干得越久就越专业、对项目就越敏感，项目行不行一谈就大概心里有数，在一定程度上就能提前规避投资风险。

二是建立"尽职专业"的投资顾问团队，提升专业化管理水平。

几乎每个城市的招商工作都会设置投资顾问，这一点并不罕见，但真正发挥作用的不多，关键在于这个顾问团队是否尽职和专业。尽职是指要让专家真正敢提意见、有渠道讲话，专业则是要进行科学判断决策。要让顾问既会"顾"又会"问"，就必须加强产业专家队伍建设、专业投资团队培养、职业投资经理遴选，解决"不会投""不专业"等问题。比如，某发达地区在推动资本招商过程中，重点围绕打造先进制造集群，建立来自行业管理部门、科研院所、龙头企业、投资机构，涵盖产业、投资、科技等多领域的投资顾问团队，共同开展招商方向研究和项目谋划等工作。但必须注意，在跨专业、跨机构的团队中，要有一个说了算的人，而不是各抒己见导致最终一盘散沙。

三是改革考核体系，设置容亏率。

资本招商受到考核"指挥棒"的深度影响，考核是提升资本招商效能的核心所在。在新的形势下，政府必须突破资本招商的传统考核机制，从考核单个项目绩效到考核中长期综合绩效，设置合适的容亏率，提高基金的风险容忍度，营造宽容失败的氛围破解国资"不愿投""不敢投"的困境。一方面，以退出和产业链成熟度等指标为核心，构建资本招商考核体系。比如，深圳对战略投资类项目（如硬科技、产业链补链项目）探索"全生命周期考核"机制，弱化短期利润、现金流指标考核，允许基金存续期最长至15年（含退出期）。另一方面，政府需要针对种子、天使、创投、产投、并购基金等政策性基金设置合适的容亏率，鼓励天使投资团队放开手脚先行先试，设置尽职免责和容错机制。在基金方案设计时，要设置一个双方都能接受的架构，既不是完全由政府主导，也不能让政府丧失话语权，要把握好度。

四是"因地制宜"设立定制化的资本招商策略。

大量失败案例表明，资本招商的经验只可以参考，绝不能照搬，比如合肥的经验就不一定在任何地方都适用。然而，很多地方政府不顾当地的实际情况,生硬照搬其他地方的模式,效果可想而知。政府因地制宜推动资本招商工作,主要体现在两个方面。一是探索构建适合本地产业需求的"种子——天使——创投——产投——并购"投资基金运营体系,有的地方可能偏重前端孵化产业,有的地方则侧重产业化阶段,有的地方可能是一条龙全程培育产业,投资的重点有所不同。二是针对不同项目的资金需求、可控性、投资风险、团队能力要求等情况,采用不同的资本招商模式,例如对大型上市企业可以采用定增招商、股份认购招商等不同模式,对孵化阶段企业可以采用直投招商、专项基金招商模式,对有一定体量的项目可以采用并购招商的模式。

五是提倡敢做敢当的文化。

面对资本招商的不确定性,一方面要科学审慎,另一方面要敢为担当、不畏失败。很多人说合肥市资本招商的成功有很多运气成分,但客观地讲,任何成功都有一定的运气成分,因为"失败是必然,成功才是偶然"。合肥市资本招商给各地政府最大的启示,不在于它有多少个成功案例,而是在一个原来是产业洼地和投资荒漠的内陆城市,通过大量试错,在各种引进产业项目失败的过程中不断调整和优化,终于找到适合自己的资本招商路径,这种敢做敢当、换再多任主管领导也不改变资本招商基调的文化才是最该学习的。

总结一下,只有资本招商用得好,才可能有更多优质项目的涌现和成长,政策资金的效用才能真正发挥出来,也才会有一个又一个高质量、高价值的产业生成。

▶ 关键抓手

抓手一 组建国资运营平台

通过整合与重组等方式，组建具有专业运营能力的本地运营平台作为资本招商主力军，开展相关资本运营。

抓手二 设立投资分析团队

划分赛道和领域成立专门团队，与第三方专业机构紧密合作，跟踪优质早期科创项目或上市公司优质募资项目，建立项目预警机制。

抓手三 举办创投活动

不定期举办各类资本与项目深度对接活动，既吸引外部基金和风投机构，又选到有潜力的科创项目标的。

抓手四 出台资本招商管理办法

出台以招商风险防范与投资容错为核心内容的相关管理办法，设置尽职免责和容错机制，鼓励天使投资团队放开手脚先行先试。

抓手五 设立投资顾问团队

设立动态调整的专业投资顾问团队，明确顾问职责，并由专业的市场化团队进行审慎尽调。

第六章

飞地招商：合作共享生成产业

> **核心观点**
>
> ▶ 飞地招商是一种通过创新资源的异地集聚和转移输送生成产业的新招商模式，跳出了所有环节必须在本地的传统思维。
>
> ▶ 建立反向科创飞地是解决后发地区产业创新薄弱的现实选择。
>
> ▶ 飞地招商的管理难度比想象的大，这对政府招商工作的专业能力和机制体制创新提出了新要求。
>
> ▶ 飞地招商不是挖墙脚，而是为了双赢，飞入地和飞出地间的利益协同和产业回流绑定是飞地招商的关键所在。

随着招商范式由原来的"分蛋糕""抢蛋糕"转为现在的"做蛋糕""创蛋糕",各地在创新链上的能力差距迅速显现出来。比如,有的地方不具备前端研发创新能力,只能到外部去找早期项目,等完成孵化和小试中试后再拿回本地批量化生产销售。到外部去找科创资源,在外部孵化创新项目后再拿回本地产业化,这种产业化方式衍生出了飞地招商。飞地招商的实质是优势要素流动生成产业的一种新招商模式,它跳出了所有环节必须在本地的传统思维,在飞出地和飞入地之间实现异地资源互补、共育项目、分享利益,是招商活动在空间维度上的创新。飞地招商不是互挖墙脚,而是以双赢为目标。虽然全国不少地方都在推动飞地招商,但确实存在招商难、运营难的问题。如何更好地发挥飞地招商的价值,让科创飞地真正飞出金凤凰,需要认真总结、冷静分析"去哪儿招、招引谁、怎么招",才能真正让其成为创新风向标。具体来说,要对六个常见问题有清晰的认知。

什么是飞地招商

（一）飞地招商的概念

"飞地"原本是一个地理概念，指地理上隶属于某个国家或地区，但与其主体领土不相连的土地，只能"飞"过其他行政主体的属地才能到达。比如，阿拉斯加被加拿大隔开，但行政上属于美国，因此是美国飞地。

如今，飞地概念早已从地理领域延伸至经济发展和招商领域，在推动区域经济和产业生成中扮演着越来越重要的角色。所谓飞地招商，是指发达地区与欠发达地区的政府打破行政区划限制，将资金、项目放到互不隶属的异地园区中，利用各自的优势互补，通过规划、建设、管理和税收分配等合作机制实现双赢的产业生成与发展。

飞地招商，顾名思义要"飞"，就有了飞出地和飞入地之分，其中一个是发达地区（先发地区），另一个是欠发达地区（后发地区）。飞地招商整合了"飞出地"和"飞入地"的优势要素。例如，经济发达地区在资本、人才、技术、物流、信息、管理等方面具有领先优势，经济欠发达地区在土地、劳动力、招商政策、原材料或市场潜力等方面具有比较优势，飞地招商将二者巧妙结合实现优势互补，共同推动经济发展。新形势下，飞地招商的核心是利用国内创新和生产要素流动拥有的巨大空间与回旋余地，为欠发达地区带来产业生成和跨越式发展战略机遇，为发达地区带来产业扩张的空间布局和产业链群延伸。

在实践中，经常出现对飞地招商的理解偏差，导致最后的动作变形、效果差强人意。因此，在具体操作时政府对飞地招商的理解和落地必须注意四个方面。

一是飞地招商必须在异地有实体飞地。

不是在飞入地设个驻点机构或办公室就叫飞地招商，而是要在飞入地拿一块场地建设实体科创机构（如孵化器、合作创新园或研发创新机构），能够深度融入飞入地获取科创资源、寻找当地的科创企业、开展项目研发活动。比如，浙江省湖州市德清县政府与清华大学在北京成立清华大学－浙江德清材料设计与产业创新联合研究中心，河北省石家庄高新区在北京设立生物医药研发飞地等，都是飞地招商的实体落地方式。

二是飞地招商的核心是产业生成和升级。

科创飞地招商不是简单的产业对接或产业转移，而是通过两地科创资源和产业资源的互补流动，形成一种"飞入地研发孵化——飞出地产业化"的机制，最终共同培育生成新的产业或升级原有产业，产业化公司通常注册在欠发达地区。

三是飞地招商的管理难度比想象的大。

飞地招商涉及两地政府相关部门、国资平台、园区、企业和中介机构等，不仅参与主体多样，而且协调关系难度大，整个流程也较复杂，尤其是科创飞地招商涉及科技成果转化孵化与放大、创新链与产业链异地打通、跨区域的利益分配协同管理、飞入地产业配套、政府专业服务等多个复杂环节，因此管理难度比想象的大，这对政府招商工作的专业化能力和机制体制创新提出了新的要求。

四是飞地招商不是挖墙脚，而是为了双赢。

飞地招商的初心和归宿都是为了实现飞出地与飞入地在产业和经济发展上的双赢，如果只有一方获利而给另一方带来负担，那么就不是一次成功的飞地招商。比如，某中心城市对在周边欠发达城市设立飞地产业园提出了诸多利益要求，而主要成本（包括环保责任等）都由欠发达城市来承担，导致欠发达城市对该中心城市产生较强排斥心理，飞地合作无法真正落地，产业补链强链和资源互补也就无从谈起。

（二）飞地招商的类型

根据飞地招商中发达地区和欠发达地区间"飞行"方向的不同，可以将飞地招商分为三种主要类型。

正向飞地招商：由发达地区飞往欠发达地区。

反向飞地招商：由欠发达地区飞往发达地区再回流。

双向飞地招商：发达地区和欠发达地区之间的双向奔赴。

第一种是正向飞地招商，即传统产业飞地。

传统意义上，飞地是由发达地区飞到欠发达地区建立产业飞地，飞出地出资建设园区厂房和提供管理，飞入地提供土地、劳动力等资源，两地互补互利盘活各自的区域经济；欠发达地区政府以此作为招商引资的重点，着力引入来自发达地区的产业转移和投资。这也是飞地招商合作的主要方式。发达地区之所以要飞到欠发达地区，是由于发达地区经过前期快速发展，进入空间土地资源受限、劳动力成本过高、市场空间变小、竞争激烈内卷的阶段，必须找到新的发展空间。

例如，苏南经济发达地区把产业向欠发达的苏北地区转移，对苏北地方政府来说就是一种飞地招商的战略机遇。"十三五"期间，苏州与宿迁两市共建苏宿工业园区，在飞入地宿迁以占全市0.16%的土地完成了一系列亮眼的经济指标：全市6%的一般公共预算收入、8.7%的工业增加值、8.6%的实际利用外资、19%的企业所得税和37.5%的高技术产业产值，单位土地产出水平达到苏州工业园区的80%，成为重要的经济增长极。

当然，传统飞地模式往往还出现在经济发达地区对口帮扶欠发达地区的情况下。但必须看到，这种飞地模式转移过去的产业多为劳动密集型产业，技术含量不高，低端生产要素占据主导。虽然它在一定程度上带动了当地经济的发展，也在一定程度上缓解了发达地区的土地资源紧张，但难以真正获得飞地经济的长期协同效应。

第二种是反向飞地招商，也就是科创飞地。

随着飞地经济的日渐成熟，一种新的招商方式即"反向飞地招商"开始出现，也称科创飞地。反向飞地招商是从欠发达地区主动飞入发达地区，通过建立孵化器、合作创新园区、技术前瞻中心等方式，获取发达地区的科技创新资源、高端人才项目团队和管理经验,最后实现研发创新环节在飞入地、生产销售环节回流飞出地的一种产业生成式招商。例如,成都生物城集团收购上海张江368产业园、设立成都天府国际生物城(上海)创新中心,广西汽车集团(柳州五菱)在上海设立前瞻中心加码新能源零部件研发,浙江衢州在北京、上海、杭州、深圳设立科创飞地,寻找并引进创新资源和要素等,在新能源新材料、电子化学等领域形成"孵化——加速——研发——中试——产业化"的科技创新链条,都是反向飞地招商的具体实例。

反向飞地招商的实质是欠发达地区的一种离岸创新,通过变传统"飞入地"为"飞出地"实现创新资源的异地集聚和跳跃式转移输送,可以看作一种"逆向创新"(见图6-1)。

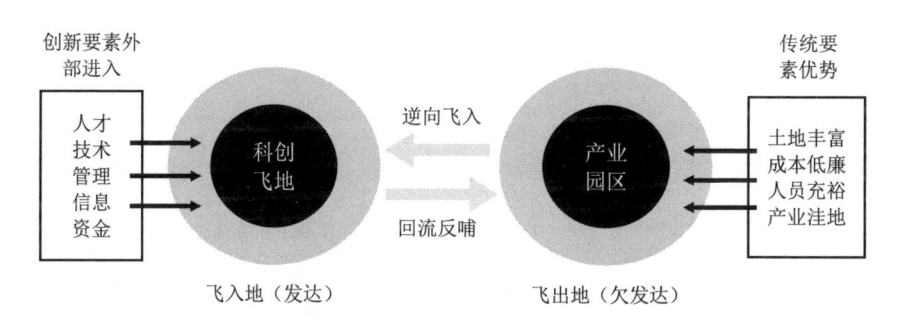

图6-1 反向飞地招商思路

在反向飞地招商中,欠发达地区的招商范式发生了根本转变:不再像传统产业飞地那样着眼于短期收益,而是瞄准创新驱动发展时代核心要素带来的长期持续收益,面向创新人才、创新项目、创新企业生成新产业或实现产业升级。

反向飞地招商通常有两种操作路径:一是利用发达地区丰富的

科创资源遴选具有较好发展前景的创新项目进行孵化，孵化之后导流回欠发达地区生成产业；二是为本地企业在核心城市提供平台，本地企业将一些具有知识、人才、技术密集型特征的研发、设计和推广部门转移至飞地，利用核心城市的技术和人才反过来推动本地的产业生成和升级（见图6-2）。不论哪种反向飞地，都是创新在外地、产业在本地。

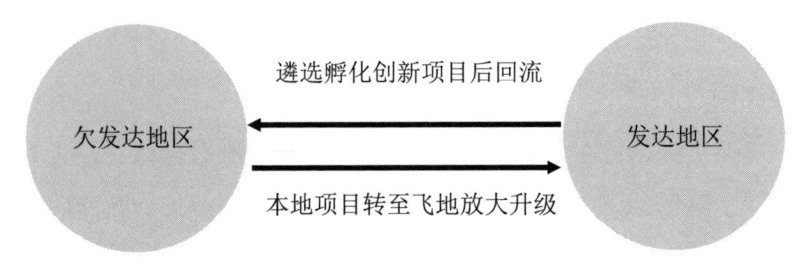

图 6-2 反向飞地招商的两种思路

近些年，从产业飞地转向科创飞地已经成为欠发达地区招商的趋势之一。

南通以往是上海和苏南地区企业的产业飞地重镇。2010年，南通拿出主城北翼 5.24 平方千米，引入上海市北高新集团品牌，合作打造市北科技城项目。随后，南通跨江而下布局产业链、创新链、人才链，与上海、苏南地区合作共建19个产业园区，"产业飞地"实现了市域全覆盖。比如启东与苏南共建的首个跨江合作园区——启东吴江高端制造产业园，就由两地国企共同出资建设，形成了利益共享的机制，发展态势良好。

然而，产业飞地的发展始终受制于没有科技创新的"内核"。于是，在建好产业飞地的基础上，南通政府探索在科创资源富集的

第六章 | 飞地招商：合作共享生成产业 |

上海设立科创飞地，将触角伸至科技创新的"最初一公里"。比如，总投资20亿元的霖鼎光学产业基地就是科创飞地招商的代表性案例：该基地在上海交大闵行校区旁的"大零号湾"科技园进行就地苗圃孵化；"出苗"后在如皋的"加速器"开展培育；条件成熟"移栽"到专业产业园区。截至2024年年底，霖鼎光学年产值已突破亿元，新生产基地投用后，年产值可再新增50%以上。通过在上海设立科创飞地，南通已围绕汽车电子、集成电路、生命大健康等领域，集聚总投资超400亿元的各类科创型企业超过260家，成为南通新兴产业集聚、未来产业生长的高地。

第三种是双向飞地招商。

随着反向飞地合作的发展深入，它也开始面临一些挑战，尤其是在经济下行压力持续加大的时期，发达地区的优质科创项目与资源也变得稀缺，反向飞地招商就可能引发地区间的利益冲突，出现"挖墙脚"而不是"双赢"的局面。于是，欠发达地区和发达地区之间开始有意识地主动加强区域经济合作，双向飞地招商模式应运而生。

不论是正向飞地还是反向飞地，都是从飞出地到飞入地，具有一定的单向性和被动性。双向飞地模式的核心在于将传统飞地和反向飞地模式打通，实现飞入地和飞出地政府的主动接洽、产业谋划和资源互补，强调两地间的双向协作。例如，浙江与上海等地通过"科创飞地"和"产业飞地"的合作，实现了技术创新与产业转化的优势互补；深圳与广东河源等地通过共同建设产业园、科技创新中心等方式，成功实现了从单向飞地向双向飞地的转型。

对于欠发达地区来说，双向飞地招商能解决科创资源、人才和管理问题；对于发达地区来说，双向飞地招商能解决产业空间、政策问题。如果双方既能"看上眼"又能"对上点"，则可能最终达到双赢效果，即 1+1>2。

2025 年，江西省吉安市人民政府与广东省东莞市人民政府签署《协作共建产业合作园区战略合作框架协议》，标志着两地正式拉开了"飞地园区"建设序幕。事实上，之前两地就有相对浅层次的对口合作，本次则转为更深层次的共建产业合作园区。吉安市作为飞入地，核心思路是围绕自身优势主导产业和未来产业发展方向，按照东莞所能、吉安所需，积极承接东莞等沿海发达地区的产业转移，促进本地产业链式集群的发展壮大，形成"老区＋湾区"携手共进、互利互惠的双向飞地形态。为此，吉安市在《吉安市国土空间总体规划（2021—2035）》中明确"在市中心城区井开组团设置东莞市与吉安市合作共建'飞地园区'"，并成立由市政府分管领导为召集人的协作共建产业合作园区工作专班。

除了正向飞地、反向飞地和双向飞地招商这种主要分类外，飞地招商还可以按照飞地是否跨国分为国内飞地招商和跨国飞地招商，比如新加坡苏州工业园区就是跨国产业飞地招商的结果。

对于国内飞地招商，可以从地区跨度上将其分为市内跨县共建产业园招商、省内跨市共建产业园招商、省际合作共建产业园招商等多种类型。不论哪种类型，飞出地和飞入地之间都存在一定的科技创新和产业发展位势差，才可能实现优势要素资源在两地间的流动与互补；但两者间的势差又不能过大，否则飞过去也无法落地。

从全国范围看,北京、上海、粤港澳大湾区、长三角、成渝地区、武汉、西安等地是科创飞地的集中区域。很多城市在这些区域设立了科创飞地,享受科创中心城市的科创红利。比如,2023年9月安徽宣城首个跨行政区建设的"科创飞地"——长三角G60科创走廊宣城科创中心在上海临港松江科技城启用。

飞地招商形成的经济形态就是飞地经济。2017年,国家发展改革委联合多个部门发布了《关于支持"飞地经济"发展的指导意见》,标志着飞地经济从地方实践上升到国家促进地区经济协调的发展策略。2021年3月,国家"十四五"规划纲要提出鼓励探索共建园区、飞地经济等利益共享模式。在一系列政策引导和鼓励下,各地的飞地招商随之升温,但在具体操作时,还存在这样或那样的问题,下面我们挑出其中最棘手也最容易踩坑的问题进行分析。

▶ 常见问题

什么样的项目适合飞地招商

飞地招商的逻辑并不难理解,但在具体实施时,政府要回答一个关键问题,即什么样的项目适合飞地招商。要知道,并不是所有项目都适合飞地招商。一个科创项目或一项技术成果是否适用于飞地招商,首要判断标准是能让双方都获利,而不是一方获益、另一方受损。在这个大前提下,可以从四个方面考虑选取项目:项目可拆分性、产业适配性、市场前景、技术创新水平。适合飞地招商的项目特点如图6-3所示。

图6-3 适合飞地招商的项目特点

1. 项目可拆分：产业形态适合异地生成协同发展

不同项目的产业形态特点不同，有的项目适合研发创新与产业化处在同一个区域，这样成长速度更快，而不太适合异地协同发展；有的项目则可以将研发创新和生产制造环节分开异地发展，有助于发挥飞出地与飞入地各自的比较优势。再比如，处于产业链上下游关键环节的项目更适合进行飞地招商，可以助力本地产业的补链、强链或延链。因此，政府在飞地招商前必须对项目本身的特性进行研究分析。

2. 产业适配性强：贴近本地产业规划、本地产业配套跟得上

飞地招商经常碰到的一个难题是科创项目看上去高大上，也符合发展潮流，但在欠发达地区落地时却水土不服，究其原因无非两个：一是项目本身与本地产业规划和优势资源不贴合，政府难以发力；二是本地产业配套基础差，包括人才、基础设施、物流、技术供应商等，这会加大产业培育生成的成本和难度。这样的科创项目

即便强行引入，最终也大概率会偃旗息鼓。因此，政府在进行飞地招商时，需要把注意力多放在那些贴近本地产业规划、本地产业配套服务，又跟得上的飞地项目上。

还有一种情况，某些项目可能需要特定的资源或环境条件，包括特定的科研资源、人才资源或独有的自然资源（比如蚌埠是国家布局的玻璃新材料研发和产业化中心，包头的军工企业实力强，江西宜春的锂矿石资源丰富等）。如果欠发达地区恰好具备这些特定的产业资源和条件，则产业适配性就较强。此时，飞地招商模式可以通过跨区域资源配置，为科创项目提供所需的特定条件，促进其发展。

3. 市场前景好：具有较大的市场潜力、拿得到订单的项目

具有良好市场前景的飞地项目更容易吸引投资者的关注，也更容易形成商业闭环。实践中，政府对飞地招商项目经常出现市场预判"虚高"的情况，或者对其市场潜力没有认真研究，只做粗线条的宏观市场分析就拍板上马。不论什么类型的飞地项目，都要通过拿到市场订单才能真正完成产业化进程，没有订单一切都是白搭。那么，政府应该怎么办？一是全面研判项目的市场发展前景，尽可能剔除市场预测的泡沫；二是发挥市场培育的作用，为飞地项目提供更多的市场推广和资源支持，帮助其快速成长；三是设置一定的弹性空间，分阶段支持项目，一旦发现风险不可控就按下停止键。

4. 技术含量高：创新性强、生命力持久的项目

飞地招商，尤其是科创反向飞地招商特别适合那些具有高科技和高附加值属性的项目。这些项目通常具有较高的技术门槛和创新潜力，能够在飞地孵化并成长为具有竞争力的企业。但必须注意，政府不能简单跟风所谓的时髦科技项目，必须跟本地的实际情况结合，从产业链需求和创新链瓶颈出发，精准选择潜力大的科创飞地项目。同时，政府在筛选科创飞地项目时，还要注意判断项目技术创新含量和产业链长短的关系。有的科创项目技术含量高，但技术本身的配套要求不高、产业链较短，有的科创项目则有很高的产业配套需求、产业链较长。飞地招商有助于形成产业集群效应，选择产业链较长的科创项目可以吸引相关配套企业集聚，形成完整的产业链条，提升整体竞争力，从中长期扩大飞地招商的效果。

政府选择飞地如何避免盲目性

飞地招商就是精选和扩大"朋友圈"，但"朋友"的选择要慎重。那么，政府应该选择哪里当飞地，选择飞地后又该用什么方式在飞地筑巢，这两个问题是飞地招商前期工作的难点。以反向飞地为例，一旦飞入地的选择错误，很可能使欠发达地区有限的资源投入打水漂，三五年没有结果最后成为烂尾工程。

关于政府选择哪里当飞地要把握三个原则：一是不跟风、不撒胡椒面，要精准选择飞地；二是选择人才聚集、科研资源丰富，并

且与本地主导产业和未来产业规划匹配度较高的城市；三是飞出地与飞入地必须气场相合、机制相配、文化相近，真正能实现资源互补和产业协同，而不是一方居高临下或双方扯皮纠纷。

之所以提出上述三个原则，是因为当前飞地招商尤其是科创飞地招商存在一个核心痛点，即科创飞地的定位规划不清，表现在部分地区建设科创飞地的动机是出于响应政策或模仿其他地方的做法，而没有结合自身的产业链短板和创新链瓶颈考虑建设科创飞地的必要性和功能目标，也未充分评估建设科创飞地进行招商的机会成本（包括资金投入、资源配置和时间成本）和潜在收益（预期的产业回报和经济发展）是否合理，盲目选择飞地的情况较为突出。

我们在大量调研的基础上，以科创飞地为例，提出政府选择飞地的"三步落地法"。

第一步：扫描经济发展水平较高、科创资源丰富的城市

科创资源丰富有助于实现跨区域产才融合、科教融合、校地融合。科创资源不仅包括大学、科研院所、新型研发机构，还包括龙头大企业、科技大厂等。人才聚集、科研资源多的一线城市或区域中心城市通常是首选，比如北京、上海、粤港澳大湾区、长三角地区、成渝地区等地。但也有一种特殊情况，即某些三、四线的中小城市因为布局有国内一流的科创资源，也可以成为飞地目标。所以在飞地扫描时，政府相关部门要全面、冷静，而不必一拥而上向中心城市聚集。

第二步：分析拟飞入地科创资源与本地产业规划匹配度，判断能否形成产业协同效应

根据本地的产业规划方向，选择与本地产业互补或相关的地区，利用该地区的科创资源孵化加速生成产业或实现本地产业升级，从而实现产业协同效应，是政府选择飞地时的重点考虑因素。需要指出，目标飞地的科创资源和创新项目可以有适度超前性，以便引领本地产业的跨越发展和互利共赢，但过度超前又会出现本地的产业配套和产业生态薄弱导致无法落地的情况。因此，对"度"的把握非常考验政府的专业能力。

第三步：根据地理位置、政策支持、法律环境、文化习惯等方面综合选定目标飞地

选择地理位置优越、有专项飞地政策支持、法律营商环境友好、文化习惯相近的城市作为目标飞地，既能在降低综合成本、提升孵化创新效率和开拓国内国际市场上占据先机，又能获取一定的政策支持和降低风险，还能从法律层面保障企业合法权益，在文化习惯上达成认同，对产业最终回流本地带来极大便利。

采用上述"三步落地法"后，会形成几类各有侧重的飞地招商模式：研发制造型飞地招商模式、成果孵化转化型飞地招商模式、大企业平台生态型飞地招商模式、大学院所创新型飞地招商模式。

研发制造型飞地招商模式是指飞出地以总部经济、研发中心为主，飞入地则以生产制造、产业配套和销售服务为主的模式，它必须围绕飞入地急需的主导产业布局进行招引和配置园区功能。

成果孵化转化型飞地招商模式是指在飞入地设立孵化器、加速器，将来自飞出地的科技成果和科创项目在飞入地进行孵化、转化和产业化，形成"飞出地出成果——飞入地促转化"的产业孵化培育链条。它有助于欠发达地区与多个成果飞出地建立联系，拓展产业生成。

大企业平台生态型飞地招商模式是指欠发达地区瞄准发达地区的某几个行业龙头企业、领军企业、平台企业等的产品业务生态，通过在其周边建立相应的飞地实体，结合自身的产业规划，承接和招引这些企业相关的科创类或产业类项目到本地落户。

大学院所创新型飞地招商模式是指欠发达地区围绕全球发达地区的知名高校、科研院所、新型研发机构等科创载体建立相应的飞地实体，吸引高层次人才和科创项目向本地聚集落地，形成"科研－生产"一体化的高新技术园区。

究竟选择什么飞地取决于政府相关部门的综合判断，现实中不可能做到十全十美。下一个问题，选择飞地后该如何在凤凰边筑巢？核心是要回答在飞入地建设什么样的飞地实体，以便将科技成果和科创资源进行迅速孵化和放大。我们发现，在实践中至少有三种方式。

方式一：租用写字楼模式

在飞入地寻找合适的位置（如高新区或产业科技园）租赁场地，是众多欠发达地区飞地"筑巢"的主流选择。比如，湖北黄冈市科技局在武汉东湖高新区租赁园区场地建设黄冈（武汉）离岸科创中心就是如此。此外，有些地方由于无法在中心城市的高新产业园获得产业用地，必须通过商业购买现有产业园的楼宇建设飞地。

方式二：异地布局孵化器

这是指在飞入地布局孵化器、加速等科创载体，吸引符合自己产业生成或升级需求的创新人才和科创项目。比如，位于无锡的江阴市跳出县级市招商思维局限，依托苏南国家自主创新示范区核心区——江阴高新区这一科创主阵地，联合上海张江科创企业孵化机构——太库科技创业发展有限公司，设立江阴高新区上海（张江）科创孵化器，成为无锡首家驻沪的"科创飞地"。该科创飞地围绕集成电路、生命健康等两地共同的特色产业，开展产业技术对接、资源共享、跨区域发展等创新合作，累计对接洽谈项目50多个，促成20个创业项目落地江阴高新区。尝到了甜头的江阴政府，随后又相继设立上海、深圳、北京、西安、武汉5个国内"科创飞地"。

方式三：建设"园中园"模式

"园中园"模式又称嵌入式园区模式，是指在飞入地的高新产业园区或科技园区里，与合适的科创合作方共建新的小产业园，以此吸引人才团队和推动创新项目在该园区孵化和放大的飞地实体建设模式。比如，湖北荆门市通过与武汉工程大学合作，在武汉工程大学科技园内投资建设"荆楚科创城光谷离岸基地"，就是一个典型的"园中园"。如今，"园中园"已经成为飞地招商的主要落地载体，建设主体也多元化，有的是两地政府共建，有的是飞出地政府与企业共建。

正向飞地招商如何实现稳健退出

在正向飞地招商中，飞出地（发达地区）在欠发达地区建设园区推动产业发展，但究竟什么时机退出、如何拿到预期收益逐步实现稳健退出而不"陷入"太深是一个不可回避的问题，也是政府相关部门一开始就要谋划和预判的。

新加坡苏州工业园区就是一个典型的例子。

新加坡苏州工业园区从建成至今已经成功运行31年。园区建设时以新加坡裕廊工业园区为蓝本，最初的定位是"独立的工业新镇"。2024年李显龙在新加坡举行的第15届"慧眼中国环球论坛"上表示，苏州工业园区取得超乎预期的成果，新中双方都获益良多，"我们像骄傲的父母一样非常高兴"。一开始，苏州工业园区的建设由新加坡占65%股权的中新苏州工业园区开发集团股份有限公司（以下简称中新集团）负责，全面利用和借鉴了新加坡的技术、管理、资源，新方在投资建设和运营中都占据了主导。时至今日，中新集团的股份结构发生了巨大改变，新方所持有的股权比例已低于30%，中方掌握了园区的开发运营经验，苏州工业园区的开发主导权完全转到了中方手里，并开始向海外输出园区模式和经验。

2018年11月，中新集团与新加坡胜科集团签订战略合作协议；

2020年8月20日，双方合作开发的缅甸新加坡工业园区正式获得缅甸政府批准。园区位于仰光地区莱古镇，面积4.36平方千米，开发周期约9年，聚焦工业物流、食品加工、纺织服装等产业，并提供标准厂房及商住生活配套。缅甸新加坡工业园区是中新集团在共建"一带一路"国家和地区设立的首个海外园区，它的落地标志着中国的"园区经验"正式走出国门。

基于对相关飞地园区成功经验与失败教训的分析，我们提出正向飞地招商何时退出、如何退出的"招商全生命期模式"。在这个模式中，飞出地（发达地区）政府可以通过三个阶段动态调整自己的角色，从而实现稳健运营和适时退出。

前期：主导阶段

由发达地区全面主导飞地园区发展，包括投资建设主导、运营主导、项目选择主导，这是相对"强势"的阶段。之所以强势，是因为发达地区有丰富的运营经验、管理手段和优势资源，只有将领先的整套方案植入欠发达地区，才能真正让飞地园区有灵魂和实现快速落地。如果一开始就由欠发达地区主导，可能会受当地原有惯性和传统条框做法的影响，不易施展拳脚，难以达到"以先发带后发"的目的。在这个阶段，欠发达地区需要接受相对"苛刻"的条件，以换取学习的机会和产业落地的红利。比如，南方某发达城市与东北某城市合作的飞地产业园区约定，发达地区一开始占51%的股份，北方城市占49%的股份，项目选择、团队运营等一开始也由发达地区主导，北方城市以跟随学习为主。

再比如，"深哈合作产业园"就是一个深圳作为飞出地、哈尔滨作为飞入地的"特区"型合作飞地。深圳（哈尔滨）产业园投资开发有限公司（以下简称深哈公司）由深圳市特区建设发展集团有限公司、深圳市基础设施投资基金合伙企业（有限合伙）、哈尔滨水务投资集团有限公司共同出资设立。深哈公司的主要管理人员由深圳方派驻，确保"深圳团队、深圳体制机制、深圳政策体系、深圳理念、深圳作风、深圳精神"带土移植到哈尔滨，同时不断提升哈尔滨新区项目承接地的承载能力。

中期：传帮带的"溢出"阶段

在这个阶段，发达地区与欠发达地区合作持续运营飞地园区，以发达地区对欠发达地区的"传帮带"为主，欠发达地区学习建设和运营经验，发达地区提供资源扶持和知识经验的溢出，双方共享飞地成长的产业红利，包括GDP、税收和就业人数等，双方的合作日益深化、全面和系统。

后期：享受资本红利阶段

在这个阶段，发达地区在飞地园区中要么降低自身所占股份，要么只担任股东、退出实际运营，享受资本红利。欠发达地区通过前期合作与学习，掌握了园区运营、项目遴选与产业资源匹配的做法，自身的创新能力有大幅提升，开始主导飞地园区的实际运营，所占股份也大幅提升。

反向飞地招商怎样才能接得住产业回流

在反向飞地招商中,当欠发达地区在发达地区飞地园区中完成创新项目的孵化和小试中试,回流至本地实现产业化落地时,经常会面临"接不住、玩不转"的问题,怎么破解?

要解决这个问题,必须先找出它背后的原因。

任何产业的快速成长都需要有一个适合它的"生态",不论是硬件配套还是软性政策,不论是产业人才还是支持文化,都缺一不可,否则产业成长就孤掌难鸣。建在欠发达地区或三、四线城市的飞地产业回流承载平台主要是产业园区,其中既有传统园区的改造升级,也有新建的产业园区。这些园区通常会存在以下的问题:要么缺乏产业生态,要么有生态但不完备或能级较低;或者交通、医疗、教育和商业服务等公共基础设施配套不完善,不足以支撑新产业的生成。

解决办法的核心是在当地再造一个类发达地区的微生态或"特区"型生态,提升产业配套和外部环境,才有可能接得住、玩得转新生产业的回流落地。再造微生态的实质是模仿飞入地的生态在当地设立一个产业发展特区,缩小与发达地区的产业梯度差。比如,在中关村孵化好的科创项目,到欠发达地区产业化落地时,就要围绕该项目打造一个类似中关村高新区的微生态,营造相应的产业生态环境。某省高新区为打造机器人产业集群,到北京建立反向飞地孵化和引入机器人项目。当项目进入产业化阶段引入本地时,该地区政府参照中关村高新区建立相应的产业配套、提升产业环境，最终成功生成机器人产业。

当然，再造微生态并不是一朝一夕就能完成的事，它需要排除惯性阻力、下定决心和长期坚持。在实践中，欠发达地区或三、四线城市确实会遇到产业生态不完备、回流产业落地很困难的情况，此时政府对前期孵化培育好的项目不能轻易放弃，可以考虑通过下面三种方式加以解决。

一是借助外力实现本地转化。 当欠发达地区自身产业生态薄弱时，政府可以利用社会化资本或借助市场化力量引入产业配套、打造产业生态，企业在本地注册，实现项目产业化落地，GDP、税收和就业留在本地。

二是推动飞入地的就地转化。 当欠发达地区的生态条件离产业落地的差距较大时，可以考虑不把项目引回本地，而是在发达地区的飞地园区中直接就地转化。有些项目因为在反向飞地中成功孵化，与飞地园区间建立了感情，也愿意实现就地转化。需要指出，虽然就地转化的项目企业注册地在飞地，但欠发达地区的国有资本通常在这类项目中占有股份，因此欠发达地区政府仍可以获得投资回报，从而实现反向招商的产业利益回报。

三是进行第三地转化。 欠发达地区将在飞地中孵化好的项目与第三地合作，既不回本地产业化，也不进行就地转化，而是在第三地实现转化或卖出。该做法有一个重要前提，就是欠发达地区与第三地谈好利益分配方案，确保自身在科创项目中实现恰当的利益回报而不让前期努力打水漂，这点一定要前置完成。

怎么解决飞出地和飞入地的利益冲突

产业化落地这事儿说起来容易，做起来难。隐藏在背后的一颗定时炸弹是飞出地和飞入地间的利益冲突，要真正实现双赢并不容易，因为双方都在谋求各自利益最大化。比如，正向飞地中经常出现一种情况：发达地区（飞出地）强势而欠发达地区（飞入地）弱势，不是发达地区不愿意在欠发达地区设立飞地，而是欠发达地区承担了过高成本而不愿接纳。这就是利益冲突。再比如，绝大多数企业是为了政策优惠才到三、四线城市落地，如果激励不足、利益不够，几乎没有落地到小城市的想法。

为什么一件对双方都有好处的事，落地时有那么多利益冲突？不妨先来挖一挖飞地招商中利益冲突背后的几个根源，相应的解决办法自然就会浮现。

一是飞出地与飞入地的行政协调困难。飞地招商是异地共同参与产业生成的招商思路，采用的是共治模式。由于受到现行行政管理体系、条例和管理方法的限制，飞出地与飞入地在"共治模式"下的职责划分常常不明确。比如，在正向飞地招商中，飞出地面临着飞入地履约难、积极性不高等问题；飞入地则承担着土地开发、环境承载等一系列高昂成本。行政协调难导致制度成本过高，影响了飞地合作的深度与效果。

二是实际的利益分配与风险分担不均衡。但凡飞地招商最终失败，背后都有一个共同原因：两地政府之间、政府与园区运营企业之间缺乏稳定的利益分享机制，双方在财税分配、土地出让收益和 GDP 等经济指标的分享存在分歧，背后是税收、GDP 统计的属地原则与政绩考核、官员擢升评价体系间存在的冲突。权益分配机制的不完善使得达成共识变得困难，导致遇事后双方的博弈成本畸高。

三是不少飞地的设立有很强的补贴性质或机会导向。不少在欠发达地区如西南地区或西北省份设立的飞地园区，是为了让东部发达地区的对口支持资金找到落地途径而专门建设的，享有资金补贴等优惠措施。诸多发达地区的企业之所以会去这类飞地园区落户，正是看中了相应的政策。然而，这在实践中形成了一种非市场化导向的产业飞地，企业因补贴而来，使得有补贴时热闹非凡、补贴退潮时一地鸡毛。显然，这种机会导向的飞地招商模式无法形成真正的产业-市场循环，很多企业去了后才发现当地市场根本不支撑产业发展，或配套不健全使得产业发展缓慢，最终产生利益扭曲。

怎么办？

俗话说，一个和尚挑水吃，两个和尚抬水吃，三个和尚没水吃，背后就是机制设计不当导致的结果。解决飞出地和飞入地利益冲突的核心是降低制度成本、提升合作的激励强度，让双方都获得红利、给双方都带来战略价值，这样才能最终达成共识。要解决飞出地与飞入地的利益冲突问题，双方政府和园区管理者可以从以下几方面入手。

一是明确各自所需。飞地招商合作一定要实现优势互补，形成双方都认同的合作目标。首先，飞地招商合作目标可以是多维度的，比如推动新兴产业发展、实现传统产业升级、提升产业协同效率、本地产业的补链强链、打造临近产业群链、创建完备的科技创新链等。其次，合作方式包括共同建设产业园区或合作项目、受托管理或开发项目、建立协作关系等。最后，制定各取所需、优势互补的飞地规划，发达地区与欠发达地区双方在考虑政治、经济、文化等方面差异的基础上，制定详细的发展规划，包括明确双方的投资比例、产业发展方向、招商引资目标、项目建设进度、人才培养方案等。

在具体操作中，要根据自身的产业发展情况和需求，选择具有互补优势的合作对象。比如，一个以传统制造业为主的地区，可以选择与科技研发实力较强的地区合作，实现技术创新与产业升级；发达地区则可以选择产业配套较完备、市场潜力大的欠发达地区作为产能扩张和销售的承载地。

二是形成飞地"特区"思维和沟通协商机制。为确保行政职能顺畅，双方政府需要提前会商，按照"特区"思维明确分工，透明沟通和共同决策，在税收、机构设置、土地审批和征地等方面进行协调，支持科创飞地的发展和提高运营效率。其中的关键步骤是建立有效的沟通和监督协商机制。一方面，飞地招商合作需要明确双方的责任人和执行机构，规定双方在项目建设、招商引资、运营管理等方面的具体责任。另一方面，通过定期的交流沟通、互访考察等方式，增进彼此的了解和信任；定期召开联席会议，及时发现合作过程中的问题，对合作项目的进展情况进行评估和调整。这项工作看似简单实则复杂，需要双方共同努力和勇于担当。

三是确立动态强激励，"谁贡献大、谁获利多"。飞地招商的激励机制是否到位成为决定飞地合作能否顺利推进的关键。飞地合作通常会采用"一事一议"的办事原则，但也因此缺乏稳定的激励机制，必须从一开始就确立"动态强激励"的原则。所谓动态强激励，是指根据飞地合作的生命周期与具体形势，在不同阶段针对不同对象采用不同的激励策略，激励的力度、范围、灵活度要大于一般的区域合作，包括但不限于税收分成和GDP分解等，以充分调动双方的积极性。

双方在利益分配上应遵循"谁贡献大、谁获利多"的原则，并在不同阶段进行动态分配。比如，东部某发达城市就约定，自己在欠发达地区设立的飞地园区中，根据项目来自飞出地（发达地区）还是来自飞入地（欠发达地区），按"三七开"方式分配：如果项目来自欠发达地区，则欠发达地区拿七、发达地区拿三；如果项目来自发达地区，则发达地区拿七、欠发达地区拿三。

四是双方都宜从长计议。发达地区政府和欠发达地区政府都要从长远利益考虑，在前期阶段宁愿放弃短期获利。必须指出，发达地区太强势了不行，必须让欠发达地区有甜头，而不是把所有开发成本和环保压力让对方承担；欠发达地区过分依赖发达地区也不行，而必须持续培育提升自己的内生创新能力，着眼于长期收益而非短期回报才能真正让飞地园区为己所用并最终生成产业。

飞地园区由谁来运营更合适

不论是正向飞地园区还是反向飞地园区，究竟由谁来运营更合适？是自主运营还是第三方运营成为飞地招商中必须解决的一个难题。随着飞地园区如雨后春笋般地出现，各个飞地的项目质量良莠不齐，实践中经常出现管理运营团队与属地利益相关者发生冲突、相关政策落实和衔接不到位、运营团队专业水平不足等问题，导致很多飞地项目招商运营不尽如人意，这增加了飞出地与飞入地的产业融合难度，不仅导致飞地招商的效率低下，还造成了诸多浪费和资源闲置。

那么，由谁来运营飞地园区更合适？这取决于三个方面。

一是双方合作的方式。是共建园区还是某一方单独建设园区，或是委托管理，看哪一方相对更强势、谁在出资中占大头。

二是对飞入地的熟悉程度。如果飞出地政府碰到"人生地不熟"的情况，则一开始委托属地熟悉的产业运营商是个不错的选择。

三是市场化专业化水平。如果政府自身的专业化管理水平很高，可以由下面的事业单位或国有企业来运营，比如江浙一带的招商相关机构官员往往是"大半个"产业专家和技术专家，他们一直从事园区运营管理工作，了解政策动态，还成功陪跑过大项目，经验丰富，由他们运营就相对专业；相反则应该由外部第三方市场化机构运营。

这里很有必要分析一下产业园区运营商的心态和运营模式。

首先，产业园区运营商是市场化企业，逐利是其核心目标。它们通常采用轻资产的短期快速运营模式，三年合作期内就要快速获利，但赢利点较少，以运营费、租金差价、企业增值服务、招商后置奖励等为主。而飞地招商是一项长期工作，不仅需要人力、物力和财力的投入，还需要长时间等待和服务。这使得两者之间存在"短期获利与长期运营"的矛盾。

其次，当飞地运营商面临政府考核时，常会"用招租来替代招商"。对政府来说，寸土寸金的"飞地"的首要任务是遴选优质项目和科创企业，但对产业园区运营商而言，由于楼宇出租率和租金收入也是考核指标重点，因此如何招租填满飞地是首要任务，"拾进篮子的就是菜"。

最后，优质项目和优质企业更喜欢与政府直接洽谈政策和落地条件，而不是与第三方运营机构来回谈判砍价，有的项目甚至因为第三方机构从自身利益出发提出不合理要求而导致项目合作失败。

正是以上三个方面，使得政府飞地招商运营的高预期与飞地运营商短期获利最大化之间存在明显的矛盾，政府与运营商的关系通常会由蜜月期演变到紧张期，最后以"离婚"收场。比如，某三线城市在省会创办飞地孵化器并委托某机构运营管理，结果该机构直接采用传统招租模式成了二房东，政府了解实情后双方不欢而散，甚至对簿公堂。

如今，不少政府开始回归飞地园区自主运营，由招商局或高新区下属事业单位或相应的国资平台进行运营。虽然这在一定程度上能克服第三方运营机构的弊端，但会受到机制体制的约束，使得飞地招商中的团队激励、中介服务费、政策组合等不好落地。另外，很多驻外的飞地招商运营干部两三年就会轮换一次，由飞入地返回飞出地，但其考核仍以飞出地业绩为主，使得飞地招商运营人员团队不稳定、积极性不足，影响到飞地园区的运营成效。

综上所述，自主运营与第三方机构运营各有利弊。究竟由谁来运营飞地更合适最终是政府和第三方机构博弈的结果，这种方式既不是纯粹的市场化运营，也不是传统封闭的政府国资管理，而是一种在国资平台规划和监管下的第三方机构运营管理，两者之间必须找到一个平衡点，否则会导致监督管理的难度和成本过大。必须指出，在飞地招商运营中，政府、国资平台和第三方机构需要各司其职：政府部门的职责是进行战略谋划与寻找飞地合作方；国资平台的职责重点是出资、落地和监管；第三方机构的职责重点是运营服务。

总结相关案例，在实践中有两种具体的飞地园区运营方式。

第一种方式是以国有企业作为运营主体，具有更强的专业性和稳定性。例如，萧山国企园区的运营模式通过建立国企园区运营管理体系，由国企作为运营主体牵头组建专业化运营团队，全面负责园区的运营、招商和管理。这种模式能够推动园区运营的标准化、专业化和品牌化，提高园区的竞争力。

第二种方式是由飞入地的专业运营公司负责飞地园区的运营。例如，银川阅海湾企业家联合会成立西部数谷（杭州）信息科技有限公司，通过调动专业资源负责飞地园区的运营，有效提高了运营效率和管理水平。长三角某国家级高新区委托飞入地的两家孵化器负责寻找当地的科创项目和运营飞地园区，在协议中规定每年必须引入一定数量的项目作为硬性考核指标，双方合作平稳顺利。

▶ 关键抓手

抓手一　展开产业适配度分析

对拟飞入地进行产业适配度分析，辅之以地理位置、政策支持、法律环境、文化习惯等的全面考察，确定飞入地。

抓手二 设立飞地实体机构

在飞入地的龙头企业、大学、科研院所周边或产业园，以租赁方式设立实体的创新中心或孵化器，确定自主运营或委托第三方机构运行。

抓手三 举办飞地活动

在本地和飞入地举办产业和技术转移转化对接专项活动，加强科创项目、产业要素与地方政府的多方了解。

抓手四 形成飞地管理机制

飞出地与飞入地沟通协商，确定合作框架，形成利益分成、联席会议、互动会商、运行考核等落地的管理机制和办法。

第七章

链群招商：打通产业链生成集群

核心观点

- 链群招商并不是要四处开花，而是围绕一个主导产业的细分领域做深、做透。

- 链群招商不是必须补全产业链，而是抓住某个关键环节迅速打造先发优势。

- 链群招商要避免"有链无群"，不仅需要产业链，还需要产业集群；产业链用来保障安全，形成产业集群才有竞争力。

当前，全球产业链正在加速解构重组，给传统招商引资带来了深刻挑战。以单点突破为主要特征的招商模式逐渐显露疲态，项目引进的边际效益持续走低。在这场产业变革的突围战中，一种立体化的链群招商模式正在兴起。这一模式以系统思维为牵引，整合产业链上下游企业、配套资源及政策支持，不仅强调产业链的完整性，而且注重集群的规模效应和根植性。当一个链群深度协同的产业生态圈形成化学级反应时，地方经济便拥有了抵御风险的内生动力和持续进化的基因密码。

第七章 | 链群招商：打通产业链生成集群 |

▶ 链群招商有哪些模式

链群招商是产业链招商的升级模式，以"链群耦合"思维重构产业组织形态，其核心逻辑在于纵向拓展产业链条与横向聚合产业集群的双向协同，通过各类要素的耦合和功能匹配来构建产业生态网络。在纵向维度上，聚焦主导产业链进行补链强链延链，精准导入缺失环节，增强高附加值环节，比如，在新能源汽车产业中补齐动力电池回收、智能驾驶系统等关键节点。在横向维度上，推动关联企业通过空间集聚，形成专业化分工网络，共享技术研发平台、人才资源及供应链金融等要素。比如，电子信息产业集群中芯片设计、封装测试企业的协同创新。

链群招商突破传统单点招商局限，强调产业生态的系统性构建。一方面，通过产业链图谱绘制精准锚定目标企业，另一方面，依托产业园区载体实现要素的集约化配置。这种模式既提升了产业抗风险能力，又催生技术外溢效应，推动区域经济从"企业堆砌"向"生态共生"跃迁。从各地的招商实践看，链群招商主要有以下几类模式。

链长制统筹模式

这类模式由政府主要领导担任"链长"，统筹产业链规划与招商，形成专班推进机制，加强土地、资金、人才等要素保障。这种模式的优势在于通过政府高层直接参与，能够统筹内外部资源，协调产业链上下游的矛盾，集中力量解决产业链发展中的关键问题，也可以确保政策的连贯性和执行的高效性。2019年，浙江率先在全省推行链长制，通过"一链一方案"明确产业链薄弱环节，吸引上下游企业集聚。例如，杭州高新区围绕人工智能产业链，整合云计算、物联网等企业，形成千亿级产业集群。2020年，江西出台《关于实施产业链链长制的工作方案》，由11位省领导担任14个重点产业链的链长。建立了"一位省领导、一个牵头部门、一个工作方案、一套支持政策"的工作模式，由省领导协调产业链上下游的各种矛盾和困难，推动资源调配和链条缺口填补，促进了产业链的稳定和升级。尽管链长制招商模式成效显著，但有些地方政企职责边界不清，部分链长过度干预市场，代替链主企业调配资源，导致政府与企业功能错位。如某省面板产业链政府干预过多，开展过度补贴，导致低端产能严重过剩。

链主企业引领模式

这类招商模式是以龙头企业（链主）为核心，通过吸引上下游配套企业形成产业集群，从而提升区域产业链竞争力的新型招商方式。链主企业凭借其市场号召力与技术优势，可快速吸引上下游配套企业集聚。例如，浙江平湖市通过引入长城汽车（链主），带动50多家本地零部件企业进入其供应链，最终形成272家汽车相关企业、年产值超260亿元的产业集群。这种集群化发展促进资源共享、协同创新，降低物流与沟通成本。依托中石油、中石化等链主企业，重庆围绕页岩气勘探开发、装备制造等环节开展全产业链招商，形成千亿级产业集群。这种招商模式如果过度依赖链主企业，链主企业的经营波动或外迁可能导致配套企业集体陷入困境，形成"一损俱损"的连锁反应。

特色资源依托模式

这类招商模式是指地方政府或产业园区基于本地独特的自然资源禀赋或既有产业基础优势，通过精准定位和产业链延伸，吸引关联企业集聚，形成规模效应和集群竞争力的招商引资策略。比如，依托矿产、农业、生态等自然资源或传统产业基础进行招商。浙江淳安县利用千岛湖优质水资源，成功引进农夫山泉投资建设矿泉水生产项目。某经济技术开发区以煤炭资源为核心，延伸煤化工产业链，并利用活性炭产业集聚优势打造专业镇。河南依托棉纺织产业基础优势，抢抓沿海服装产业转移重大机遇，全面整合资源，支持各地采取与产业转出地共建服装产业园区的模式，整体"抱团"招引江苏、浙江等沿海地区纺织服装产业，全力打造万亿级服装产业集群。比如，郑州制定差异化招引战略，整合有限的土地资源，打造了多个服装产业园，大力承接沿海地区女装产业。郑州女裤企业有2000多家，培育造就了70多个国内一线知名女裤品牌。然而，这种模式也面临一些挑战。首先，资源依赖可能导致产业结构单一化，一旦资源枯竭或市场变化，区域经济可能面临风险。其次，过度依赖资源开发可能引发环境问题，影响可持续发展。此外，资源型产业的附加值较低,难以形成高技术、高附加值的产业集群。

同城效应协同模式

同城效应协同型招商,是指利用地理位置邻近或同城化发展的优势,通过产业链整合与区域协同,吸引上下游企业集聚,形成资源共享、成本优化、创新协同的产业集群模式。其核心在于依托区域间的交通便利性、政策联动性及市场互通性,降低企业运营成本,提升产业链整体竞争力。江苏太仓通过精准把握上海产业外溢窗口期,以成本优势和营商环境优势吸引德企集聚,形成"龙头企业+'隐形冠军'+配套企业"的梯度集群。目前集聚德企超500家,涵盖新能源汽车零部件、航空精密制造、工业母机三大产业集群,其中通快激光占据中国数控机床市场35%份额,克恩－里伯斯安全带弹簧全球市场占有率达70%。更值得注意的是,太仓创新"以商引商"路径,通过已落户德企组建中德工业4.0联盟,成功吸引德国弗劳恩霍夫研究院设立智能制造创新中心,实现从产业承接向技术协同的跨越。深圳的早期发展则呈现另一种模式。通过承接中国香港产业转移,在蛇口工业区构建"前店后厂"模式,依托政策特区优势形成电子产业集聚。20世纪80年代以"四机一器"(电视机、收音机、电话机、计算机、仪器仪表)为主导,吸引IBM设立亚洲最大生产基地,富士康建立首个大陆工厂,逐步衍生出华为、中兴等本土巨头,形成"外资驱动－技术吸收－自主创新"的升级路径。这种飞地经济模式的关键在于制度创新,通过建立外汇留成、土地租赁等特殊政策,将地理邻近性转化为制度开放性。当前,同城效应协同型招商呈现新趋势：一是产业链布局从梯度转移向平行创新转变，如太仓与德国企业共建研发中心数量截至 2024 年 10 月已达 23 个；二是空间组织从单核辐射向多中心网络演进，苏州—上海共建嘉闵线延伸段，推动创新要素跨城流动；三是政策工具从税收优惠向创新生态升级，深圳—香港正在探索"政策包＋资源池＋场景库"的新型合作模式。这些演变表明，区域协同发展已进入以创新链整合驱动产业链重构的新阶段。

▶ 常见问题

链群招商中一定要补全产业链条吗

所谓补全产业链，是指通过引入上下游企业，形成从原材料供应到终端产品制造、销售及服务的完整链条，从而提升区域产业集群的竞争力。补全产业链可以实现资源优化配置，降低企业的物流、时间和协调成本。例如，重庆通过"垂直整合一体化"模式，将笔记本电脑的整机厂与上千家零部件配套企业集中在同一区域，形成半小时车程的供应圈，物流成本降低 40%，最终吸引全球 1/3 的笔记本电脑生产企业在此集聚。补全产业链还能增强抗风险能力。2020 年全球供应链危机中，浙江嘉善的光通信产业链因本地化配套率达 80%，未受国际物流中断的影响，反而逆势扩张。威海通过拆解惠普打印机的 110 个核心部件，精准招引韩国大振等配套企业，形成全球唯一的"激光打印机全产业链基地"。

然而,如果不顾实际情况盲目追求补全产业链,可能会带来许多负面影响。过度强调延链补链而未做好实地调研,易造成区域产业结构雷同。比如,多个城市同时布局新能源汽车电池生产,但技术含量低、市场容量有限,最终陷入价格战,挤压利润空间。若强行引入技术门槛过高的环节,而本地缺乏相应配套,项目可能因"水土不服"而停滞。某资源型城市为打造光伏全产业链,在缺乏技术储备的情况下,盲目引入硅料、电池片、组件等环节的企业。初期依靠补贴吸引投资,但很快暴露问题:硅料环节因环保不达标被限制产能;电池片技术路线落后,无法对接主流市场需求;组件企业因物流成本高、缺乏出口渠道而亏损。最终,该地光伏产业园陷入"大而全却低效"的困境。某经开区为补齐新能源汽车产业链的"智能驾驶"环节,以土地优惠和税收减免引入多家自动驾驶技术公司。然而本地缺乏测试场景和数据积累,企业研发进展缓慢;传统整车厂更倾向于与一线城市技术团队合作,本地技术公司难以获得订单;园区为维持项目,持续投入补贴,财政压力加剧。这一案例凸显了"脱离产业基础补链"的风险。

在链群招商中,是否必须补全产业链条是一个需要结合多维度因素综合考量的问题。产业链的补全与否主要取决于以下三个条件:

首先,产业特性是决定产业链完整性的关键因素。例如,资本密集型产业通常需要更完整的产业链条,以确保资源的有效配置和成本的优化。这类产业往往涉及大量资本投入和复杂的技术集成,因此完整的产业链能够提高生产效率,降低运营风险。

其次，区域禀赋也起着重要作用。资源型地区可以侧重于产业链的上游环节，充分利用当地的自然资源优势。例如，拥有丰富矿产资源的地区可以重点发展采矿和初级加工，而不必强求下游的高附加值环节。这种策略有助于发挥区域比较优势，提升整体竞争力。

最后，发展阶段是另一个重要考量因素。对于新兴行业，快速形成关键节点比追求全产业链更为重要。新兴行业通常面临技术不成熟和市场不确定性的挑战。因此，优先发展关键环节，有助于迅速占领市场，形成先发优势。

综上所述，是否补全产业链条应根据产业特性、区域禀赋和发展阶段进行灵活决策，以实现资源的最优配置和产业的高效发展。当前实践中，更多地区选择"关键环节强链＋局部精准补链"的组合策略。例如，重庆汽车产业既通过引入12家整车厂实现横向集群，又通过本地化零部件配套纵向降本，最终形成全国最大汽车生产基地。这种"有所为有所不为"的智慧，正是链群招商从理论走向实践的精髓。总之，补全产业链不是目的，而是手段。地方政府需以动态视角审视产业链，在"全链条安全"与"差异化竞争力"之间寻找平衡，方能实现高质量发展的长远目标。

招商项目与产业链不协同配套怎么办

在链群招商实践中，招商项目与产业链条不协同配套的问题时有发生，造成资源浪费和效率低下，主要表现在以下几个方面。

一是产业链关键环节不配套导致"缺断链"。 地方政府在制定产业图谱时,若缺乏对产业链条的全盘梳理,或未明确"建链、补链、稳链、强链"的阶段性目标,容易导致招商方向偏离实际需求。当招商项目未能填补产业链的空白环节时,上下游供需关系断裂,核心企业面临原材料、零部件或技术的"卡脖子"风险。例如,若某地以新能源汽车为主链,却未引入电池、电机等关键配套企业,则会导致整车制造受制于外部供应,或者核心企业因供应链不完善而外迁。

二是技术层级不匹配引发"弱协同"。 部分地区在招商中盲目追求"高大上"项目,忽视本地产业基础与技术承接能力,招商项目与现有产业技术标准不兼容,导致上下游企业无法有效协作。一些地区引入高精度数字化设备供应商,但本地企业缺乏技术适配能力,造成资源闲置。比如,某西部城市引入高端半导体企业后,因本地缺乏熟练技工和研发支持,最终项目产能利用率不足30%。

三是政策与服务脱节引发"落地难"。 一些地区存在行政审批制度改革不深入、要素保障不足等问题,许多项目签约后因政策支持不到位、配套服务缺失而停滞。例如,某地承诺的税收优惠未能兑现,或园区缺乏标准化厂房和人才公寓,导致企业延迟投产。某北方城市因环保、国土等部门协调不力,导致投资50亿元的化工项目三年未能开工。

为解决这些问题,可采取以下措施。

首先,绘制产业链图谱,实现精准靶向招商。 根据区域资源禀赋、产业基础和市场需求,明确主导产业和细分领域,制定产业链图谱。梳理产业链上下游关键环节、龙头企业、技术瓶颈等,明确招商重点和目标企业，提升招商精准度。从产业契合度、技术先进性、市场前景等方面综合评估项目，避免引入与产业链脱节的项目。武汉东湖高新区建立三色图导航精准招商机制，围绕光电子信息、生命健康、智能终端、新兴产业及未来产业、现代服务业等五大产业方向，聚焦11条重点产业链，瞄准产业链补齐缺失（红色）、提升弱项（蓝色）、巩固优势（绿色），绘制产业"招商三色图"，重点产业图谱化，靶向目标清单化，对标产业"招商三色图"，制定全产业链分工表，分链条、分层次开展针对性招商。

其次，构建全要素生态，打造磁吸型营商环境。加强基础设施建设，提供完善的产业配套服务，降低企业运营成本。简化审批流程，提高服务效率，打造公平透明的营商环境。在土地、资金、人才等方面给予重点支持，保障项目顺利落地。加强政府部门间的协调，形成招商合力，及时解决项目推进中遇到的问题。比如，某工业园对重大项目实行"五即"审批，签约即挂牌、拿地即开工、竣工即投产、投产即培育、达标即升级。通过建设晶圆代工共享车间，降低企业初始投资35%。

最后，加强动态化管理，推动产业链能级跃迁。建立"动态评估——预警监测——快速响应"的闭环管理机制。每季度开展产业链协同性评估，及时调整招商策略；建立产业链监测预警平台，实时跟踪产业发展动态；组建跨部门协调专班，快速响应项目推进中遇到的各类问题。通过这套机制，准确把握产业发展脉搏，确保招商工作与产业链发展同频共振。比如，某地电子信息集群开发产业链健康度诊断平台，设置订单满足率、本地配套率等预警指标，通过实时监测，将元器件本地配套率从 40% 提升至 70%。

政府有什么妙招激发"链主企业"招商

一链生，百企聚；沿链兴，产业强。当前各地政府推动链群招商的一个"大招"就是集中力量招引链主企业，通过链主的影响力带动产业链上下游各类配套协作企业在本地落户，这就是链主招商。

链主招商有两种模式，第一种是从外部招链主，第二种是从本地挖掘链主。其中，从外部招引链主在现实中容易遇到几个难题，导致效果没有想象中好，甚至给当地政府带来沉重的负担。

一是"请佛容易送佛难"。当前优质的链主企业越来越少，各地又纷纷争抢，使得有些链主企业在合作洽谈中提出的条件超过本地承受能力，政府又生怕不答应招不来链主企业，只能咬牙接受。比如，北方某城市为引进某央企链主企业投入巨资并提供大量土地，但双方沟通不畅，过了四五年该企业因各种原因发展停滞不前、亏损严重，不仅没有带来预期的上下游配套协作企业、产业链招商成为泡影，还让政府的前期巨额投入失效。正因如此，从外面招链主越来越难，链主招商模式也从招引外部链主企业变为挖掘本地培育成长起来的链主企业，利用其生态圈招引上下游企业，通过盘活存量、培育增量进而提升质量。

二是"链主企业名不副实"。有些企业顶着链主的"名"，却没有链主的"实"。必须纠正一个认识误区，即龙头企业一定是链主企业。事实上，行业龙头企业并不一定是链主企业。链主必须是在产业链中占据核心地位，通过自身的核心技术、主打产品、独有品牌、关键渠道或资源优势，对整个产业链大部分企业的资源和应用具有较强的直接或间接影响力、掌控力的企业。龙头企业往往在某个或某些环节拥有最大的市场份额，但它们难以组织和协调整个产业链运作。此外，供应链企业也不一定是链主企业，反倒是链主企业具备管理和协调供应链企业的能力，如比亚迪通过核心技术和日益强大的品牌影响力，不仅形成垂直一体化的供应链，还推动供应商不断提升技术水平。如果政府的前期研究不透、对行业情况了解不够，就有可能将某些行业龙头企业或供应链企业视为链主企业而错误引进。

三是链主企业"缺乏招商积极性"。有些企业虽然身为"链主"，但缺乏足够的积极性和方法推动上下游企业在周边形成配套，自然无法实现链主招商的目标。这里要明确一点，企业并没有为政府招商的任务，但作为具有很强招商潜力的对象，政府如何激发和支持链主企业进行招商，会成为产业链招商的一个"胜负手"。

要解决上述问题，政府不仅需要一双慧眼识别出真链主和有招商潜力的链主，还要找到激发链主企业进行产业链招商的方法，通过出台激励政策、构建联动机制、优化营商环境提升链主企业的招商积极性和能动性。下面我们提出一套提升链主招商积极性的"组合拳"方法，各地政府可以结合自身情况进行选择和调整。

一是打造招商命运共同体。政府聘请链主企业为招商合伙人，建立"地方政府、链主企业、相关部门"的招商联动机制，通过举办招商推介大会等多种方式由链主企业进行招商。这种常态化的机制运行方式对于改变企业的招商认知大有帮助：招商不只是政府的事，还与自己的利益和竞争力息息相关，企业积极参与、多方协同联动才能快速打造和生成符合当地需求的产业链。比如，潍坊市坊子区建立了由10家核心骨干龙头企业为链主，14个相关部门、8大园区、7个街道（发展区）协同配合的联动招商机制，定期调度汇总招商线索、共享资源，协调项目落地。

二是用经济政策手段激励。 通过订单补贴拉动等激励政策驱动链主企业招商是一个有效手段。所谓订单补贴拉动，是指政府对链主企业为上下游配套协作企业提供订单吸引其落地，按照订单金额的一定比例进行补贴的政策。比如，链主企业为配套企业提供1000万元订单，政府相应奖励10万元，就能调动链主企业的积极性。除了订单补贴外，还可以通过税收减免等方式，激励本地链主企业参与招商。

三是下场投资产业链企业。 政府可以围绕链主企业需求，设立一只基金专门投资上下游企业，以此推进链主参与招商。注意，这不是政府直接投资链主企业，而是与链主企业合作设立一只投资基金，专门投上下游企业，推动其科技成果转化和技术知识的共享交流、打通为链主企业配套的瓶颈，缩小两者间的技术能力势差等。显然，这样的方式有助于减轻链主企业进行产业链资源统筹和协调上下游企业的压力，进而提升其参与产业链招商的积极性。

四是为上下游企业"筑巢"。 政府支持链主企业在本地园区内专门再建一个产业园，只有为链主配套协作、科技含量较高的上下游企业可以入驻。这种建设配套产业园的空间布局做法能大大减轻链主企业招引上下游配套企业的综合成本，同样有助于提升链主企业参与产业招商的积极性。

五是替链主企业拜访沟通。政府从链主企业拿到上下游关键配套和协作伙伴企业的名单，通过拜访沟通了解上下游企业入驻链主所在地的实际需求和担忧顾虑等，相当于替链主企业完成了"说服教育和情况摸底"的工作，这会让链主企业在经营管理活动和制定发展规划方面更加有的放矢，同样会大大提升链主企业参与招商的积极性。

六是给予精神鼓励和荣誉。政府在每年的经济工作会议和各种评比奖励中，给予链主企业相应的精神鼓励和荣誉，发布链主企业名单，为链主企业颁发聘书和招商牌子，这种精神鼓励和社会荣誉感同样会激发一些链主企业参与本地招商工作。

很多欠发达地区的政府或园区招商部门认为自身资源不足、资本有限，难以作为。但别忘了，任何地方都有自己的链主企业或具有一定产业影响力的企业。以它们为切入点，就有可能将产业链上下游企业串联起来。

比如，新疆东方风电新能源有限公司（东方电气风电子公司）是一家位于新疆昌吉州木垒工业园区的新能源装备制造企业。2024年6月28日，借助第八届中国—亚欧博览会的舞台，昌吉回族自治州举行"'链'上昌吉·融入丝路"招商推介签约会，新疆东方风电新能源有限公司作为"链主"企业，围绕昌吉州新能源装备产业集群发展，向各界进行招商推介。当地政府围绕吸引该企业的上下游企业聚集，推动煤电、新能源等产业协同升级，形成风电全产业链，带动当地新能源产业集群发展。

昌吉州政府之所以大力推动链主招商，有其背景。昌吉州工业企业占有全国73%的工业大类，工业经济总量、规上企业数量、企业品牌数量、企业知识产权数量均居全疆前列，是名副其实的工业大州和制造业大州。但也存在产业结构偏重、产业链条较短、高新技术产业培育不够等问题。为此，昌吉州推出以"链主"企业为核心的产业链招商新机制。通过盘活存量、培育增量、提升质量，加速释放"链群"效应，持续为工业经济高质量发展赋能。在第八届中国—亚欧博览会上，东方风电、特变电工、神火集团、东方希望四家"链主"企业代表围绕打造"铝基新材料产业集群""煤化工产业集群""新能源装备产业集群"等内容进行了推介，收效良好。

事实上，不仅新兴行业可以通过链主招商培育增量，传统行业也可以这么做。来看湖北武汉的一个案例。武汉爱帝集团成立于1995年，是湖北省服装行业的领头羊。2024年5月10日，"武汉时裳产业荟"链主招商大会在武汉红T时尚创意街区举办。这次大会以"链主"企业爱帝集团的需求为牵引，面向产业链供应链上下游企业，开展供需对接和产业配套，谋划和签约一批高附加值产业项目落户武汉。活动现场，上海东龙服饰有限公司、上海嘉麟杰纺织科技有限公司、上海百胜软件股份有限公司、浙江特盛智能科技有限公司等10家优质企业与武汉纺织服装"链主"企业签约，覆盖面料研发、3D设计、数字零售等环节，推动汉派服饰全产业链升级，形成"设计＋制造＋销售"的融合生态，助力武汉打造全国时尚产业交流合作中心。

武汉是汉派服装的发源地，拥有爱帝、猫人等知名女装和内衣品牌。武汉市政府为推动产业创新发展制定印发了《武汉市支持纺织服装产业高质量发展意见》，确定以龙头企业为牵引，重点推动高端面料、功能性纤维、高性能纤维等纺织新材料的研发与产业化应用，以产品创新推动产业高端化发展，链主招商在其中发挥的作用愈加突出。

有趣的是，链主招商不仅是省级、市县级政府力推的方式，街道政府部门也在不遗余力地推动链主招商。不妨来看一个粤港澳大湾区的街道机构如何推动链主靶向招商的例子，它恰恰折射出推动链主招商在当前城市经济转型升级发展过程中的独特价值。

佛山市顺德区容桂街道是一个千亿工业大镇，已经形成了智能家电、信息电子、机械模具、化工涂料、医药保健等支柱产业。然而，这些产业的链条仍存在这样或那样的问题，产业链竞争力仍有待提高。2024年，佛山市委十三届八次全会提出发展"沿链经济"，这成为容桂街道招商工作的发力点。

容桂街道相关部门通过分析发现，容桂街道土地资源宝贵，开发强度已经超过77%，必须分析透本地的优势产业和龙头企业情况，改变传统的招商方式，发挥链主企业带动作用进行产业链招商，推动上下游企业串链成群，助推产业集群向上发展，才是未来的工作重点。

首先，产业链摸底，做到心中有数。容桂街道相关部门通过深入调研本地产业链现状，逐步摸清了家电产业芯片供应、高端模具制造等关键环节存在的短板，以及智能装备、工业互联网等新兴产业链条的缺失部分。针对这些薄弱与缺失环节，容桂街道明确了重点招商目标企业与项目类型，确保招商有的放矢。

其次，深挖链主需求，形成动作集。 容桂街道相关部门召开了链主企业座谈会，参加的企业包括广东德怡电子、广东富信、伊之密股份、广东大冢制药、海信家电顺德园区、广东万和、广东顺德川崎汽车零部件、广东顺威精密塑料、广东鑫全利激光智能装备、国药集团广东环球制药等来自智能家电、机械装备、电子信息等产业的多家企业。通过会议，容桂街道摸透了链主企业的六个需求。

用地需求：很多配套企业要落地，却无地可用。

建设"两小时朋友圈"需求：政府要降低物流、仓储等各种成本，将供应商更多地聚集在企业周边，才能更具招商竞争力。

科研机构落地和培训需求：为推动科研机构落地提供科创原动力，邀请供应商培训加强产业链上下游企业的交流了解。

渠道企业增资扩产需求：家电产业链上的零部件隐形冠军企业作为渠道企业需要转型升级，政府宜优先引导这些本土企业增资扩产。

产业规划信息需求：政府为链主企业提供产业片区规划和招商信息服务。

举办年会需求：政府吸引更多研究院和行业协会的年会在容桂街道举办，搭建产业链招商平台。

在摸清楚链主企业需求后，容桂街道重点从开发区规划和专业片区布局两个方面切入，为链主企业解决上下游企业的招引问题。

一是借助纳入国家级高新区的契机，规划打造战略性新兴产业开发区，通过重大项目带动上下游配套传统产业引入新技术、新模式，实现智能化、绿色化转型，逐步完善产业链。目前已成功引入奥比中光、紫创光顺、顺芯城、川崎汽车等超10亿元重点产业项目4个，超亿元重点项目13个，累计总投资额超百亿元，有力提升了辖区整体产业竞争力。

二是重点打造四大片区，包括电商总部集聚区、机械装备集聚区、容桂街道战略性新兴产业开发区核心区及马冈片区。这四大片区将为容桂街道打开连片的产业新空间，有了吸引产业链上下游、供应链各环节、创新链相关方入驻集聚的主平台，通过宝贵的空间引领容桂街道产业迭代升级。

链群招商中如何避免"有链无群"

在链群招商的实际操作中，"有链无群"的现象屡见不鲜，即产业链虽已初步形成，但产业集群效应未能充分发挥。这种现象不仅造成资源要素的隐性浪费，更制约着产业生态系统的良性发展。主要表现在以下几个方面。

一是协作机制缺失导致产业链条孤立化。链群招商若仅完成企业招引，初步构建了产业链条，但未建立协同机制会导致上下游企业各自为政。例如，某新能源汽车产业基地引进40余家核心企业后，虽形成电池、电机、电控等关键环节布局，但缺乏产业协同组织导致技术标准不统一。电池企业与整车厂接口协议存在3种不同制式，直接导致配套成本增加12%。重庆某半导体园区引进12家设计企业后，因未同步建设EDA（电子设计自动化）工具共享平台，导致企业年均软件采购成本超800万元。某中部城市引进芯片设计企业后，因未布局封装测试环节，导致设计企业需将60%的流片订单外发至长三角，形成每年20亿元的价值流失。

二是过于依赖头部企业导致产业组织断层化。 当过度依赖头部企业而忽视中小企业培育时，虽然单点补链强链，但整体上集群效应不够。比如，某经开区引入整车制造龙头后，本地零部件配套率长期徘徊在30%左右，较成熟汽车集群70%的配套水平差距显著，导致生产成本高企。这种断层化还体现在金融服务上，某地给予链主企业的贷款利率低，而配套中小企业的融资成本高2倍。这种要素错配导致该地汽车零部件企业三年存活率远低于行业平均水平。

三是地理集聚不足导致空间布局分散化。 产业链需要空间载体实现要素集约，但"有链无群"往往表现为企业零散分布。某地30多支招商队推动"龙头企业上下游集聚"，但若项目落地时未规划专业园区，就会出现某新材料产业链企业分散在5个行政区，物流成本增加15%。空间分散还导致知识外溢受阻，如某生物医药链因企业间距过大，未能形成预期的技术交流圈层。武汉某生物医药集群的空间分散布局，使企业间的技术交流频次较集中布局下降73%。对比波士顿肯德尔广场生物制药企业集群，企业间平均步行距离300米，促成每年超200次自发技术交流活动。

解决"有链无群"需多措并举，通过协作机制整合资源、梯度分层培育企业、打造特色园区承载产业,最终实现从单一链条到集群生态的跃升。

首先,建立协作共享机制。链群招商中"有链无群"问题的核心在于产业链上下游企业间缺乏协同联动。通过建立协作共享机制,可有效整合资源、打破信息壁垒,推动产业集群化发展。市县层面可统筹实施招商合作伙伴计划,根据中介机构的专业领域与产业平台需求进行精准匹配。例如,台州市通过共享中介资源,在项目信息、招商活动、产业谋划等方面开展深度合作,形成"链主+链创+链长"的协同模式,强化产业链生态。嘉兴市南湖区建立"链主企业+核心配套企业"常态化服务机制,组织上市企业、"专精特新"中小企业与高校、科研院所合作,推动技术研发与成果转化。通过一系列对接活动,促进微电子、智能装备等重点产业链上下游企业合作,解决配套不足的问题。广东某县提出"军团式、协同化"招商模式,要求市领导、职能部门、园区等协同作战,共享招商线索,解决项目梗阻问题。

其次,完善企业梯度培育体系。"有链无群"的另一症结是缺乏层次分明的企业梯队。完善梯度体系需从"链主"引领、骨干支撑、"专精特新"补充三个层级入手。一是链主企业培育与引领作用。盐城市通过"八个一"机制培育链主企业,明确挂钩市领导、制定专项政策,支持其通过并购、参股等方式整合上下游资源,提升产业链垂直整合度。南湖区建立链主企业培育库,从规模竞争力、产业带动力等维度分层分类扶持,集中资源补链强链。二是骨干企业与"专精特新"培育。某地滚动建立"链主—骨干—'专精特新'"三级培育库，实施"星企引航"计划，每年培育20家创新能力强的"小巨人"企业，强化产业链关键节点。

最后，建设特色专业园区。特色专业园区是产业链与产业集群的物理载体，需通过专业化规划、精准招商和配套服务实现"聚链成群"。某地提出"工业园区－产业功能区－集聚基地"建设路径，引导分散企业集中入园，共享基础设施和公共服务。某地探索"产业链＋特色园区"模式，集中政产学研资源建设专业园区，如微电子、智能装备产业园，推动产业链集约化发展。台州经开区围绕新能源装备制造产业，针对性引进延链补链项目，形成"全产业链＋全产业集群"布局。广东省提出"建链、补链、稳链、强链"四步法，围绕核心产业筛选供应商，通过"无链建链、有链强链"打造专业园区。黔南州以龙头企业为核心编制产业链图谱，每个产业储备20个以上补链项目，夯实百亿级产业基础。

【案 例】

> 常州新能源产业起步于21世纪初，早期以光伏产业为核心，逐步形成了涵盖硅料、电池片、组件等环节的完整产业链。特别是在动力电池领域异军突起，吸引了宁德时代、蜂巢能源等龙头企业落户，形成了"发储送用"全链条闭环生态。至2023年，常州新能源产值突破7000亿元，动力电池产销量占全国的1/3，光伏组件出货量全球占比超10%。常州围绕"聚链成群"采取了以下举措：
>
> 构建产业链协同创新网络。通过"四链融合"模式，推动龙头企业与科研机构共建创新联合体。例如，天合光能联合中国科学院

建立光伏技术实验室，蜂巢能源与常州大学合作开发固态电池技术，形成专利池共享机制。同时，搭建"供需对接平台"，每年举办百场产业链对接会，促进本地企业协作配套。由链主企业主导园区招商，政府产业基金跟投。例如，宁德时代在溧阳园区引入几十家配套企业，形成15分钟供应链圈。

打造"雁阵式"发展梯队。实施"头雁计划"，对宁德时代、理想汽车等链主企业给予设备投入12%的奖励，支持其通过并购重组整合资源。支持链主企业牵头组建产业链联盟，制定技术标准并共享供应链。设立"专精特新培育基金"，分层分类培育单项冠军、"小巨人"企业，形成"科技型中小企业-高企-瞪羚企业-独角兽"的成长梯队。构建覆盖企业全生命周期的政策体系，从初创期"创新贷"到成熟期上市辅导，为企业提供精准支持。

打造产业集聚新高地。按照"一链一园"原则建设专业园区，如武进区聚焦氢能装备、金坛区专攻储能系统、溧阳市打造动力电池生态圈。园区内实行"标准地+定制厂房"模式，确保项目快速落地。每个园区配套建设研发、中试、物流等平台：如建设新能源装备共享中试基地，依托常州港建设新能源产品专用码头。

常州为破解"有链无群"难题提供了可复制的样本，其经验表明：只有将产业链深度协同、企业梯队科学培育、园区功能精准匹配三者有机结合，才能真正实现"链式发展"向"群式崛起"的跨越。

▶ 关键抓手

抓手一 绘制产业链图谱

通过深入分析本地的产业基础，明确产业链各环节的缺失或薄弱部分，锁定需补链、延链、强链的目标企业。

抓手二 推行链长+专班机制

由党政领导担任"链长"，统筹产业链发展顶层设计，专班负责具体推进，确保及时加强资源协调与问题解决。

抓手三 建立链主企业招商联动机制

不仅集中力量招链主企业，而且制定链主企业以商招商的激励措施，通过链主的影响力和带动力吸引产业链上下游各类配套协作企业落地。

抓手四 建设特色专业园区

按照产业链或产业链关键环节引导分散企业集中入园，共享基础设施，提供专业化规划、精准招商和配套服务。

抓手五 建立招商合作共享机制

围绕重点产业链和集群，推动不同层级、不同部门的招商队伍共享招商线索，在招商活动、产业谋划等方面协同作战，解决招商项目的梗阻问题。

第八章
数字化赋能产业生成式招商

核心观点

- 算法比领导更懂产业链和企业家,招商的智能化决策将显著提升产业生成式招商的效能和质量。

- 数据本身就是关键的招商资源和基础设施,"以数引企"成为有效的招商抓手。

- 用数字化AI手段为企业提供招后增值服务,帮助入驻企业赚钱和省钱将显著提升其忠诚度,使近者悦、招远者来。

- 人工智能和大数据技术不仅是招商的支撑手段,而且应该嵌入所有招商模式的全流程,构建起以算法为核心驱动的招商模式,实现从经验决策向数据决策的范式迁移。

招商就是获客，招商大数据则是一座沉睡的宝库。挖掘招商大数据找到真实痛点，利用数字化 AI 工具提高获客率，探索适应数字经济的招商范式创新已经成为各地政府招商部门刻不容缓的任务。算法比领导更懂产业链和企业家，招商竞争力正在转向基于数字基建的虚实结合的产业生成协同网络，这恰恰是产业生成式招商的内在需求。为此，政府招商必须尽快用数字化 AI 武装自己，一方面利用产业数据中台建设推动招商过程数字化，通过 AI 算法精准制导锁定目标企业，实现产业生成式招商"政策－项目－资源"的精准匹配，降低招商成本、提升招商效率；另一方面通过大数据分析和 AI 工具为企业开发出高附加值的招后服务，帮助企业赚钱和省钱，使近者悦、招远者来。更为重要的是，数据本身就是一种关键招商资源和基础设施，如何利用数据要素运营和产业数据资产实现"以数引企、用数投资"变得愈加重要、不可或缺。

第八章 | 数字化赋能产业生成式招商 |

▶ 为什么新招商更迫切需要数字化赋能

产业生成式招商的目的不是引进单一项目,而是通过构建产业生态打造具有竞争力的产业,这对招商的效率、精准度和协同性都提出了更高的要求。过去的招商手段主要依赖规模化的人海战术和碎片化的资源管理,易导致信息不对称、成本高企、资源错配和产业链不协同等问题,难以满足产业生成式招商的需求。通过数字技术赋能招商引资全流程,既能为解决传统招商引资的困境打开一扇窗户,又能为产业生成式招商的推进升级提供一个重要突破口。

有利于高效打造精准招商的罗盘

对于传统招商方式而言,从项目信息的收集、筛选,再到洽谈、签约,每一步都像是逆水行舟。大量烦琐的人工操作,让招商流程冗长又耗费精力,效率的提升举步维艰。但如今,数字化浪潮汹涌而来,为招商工作带来了全新变革,成为打造精准招商罗盘的关键力量。特别是大数据与人工智能等前沿技术,为产业生成式招商全流程带来了质的飞跃。在信息爆炸的时代,大数据如同一位不知疲倦的"信息猎手",能够在海量数据中快速穿梭,收集潜在项目信息,并运用智能算法精准筛选。通过深度分析行业发展动态、企业扩张布局，以及投资风向变化等关键数据，能够精准锁定目标企业，告别过去毫无头绪的盲目搜寻。人工智能更是神奇，自动将项目特点与本地产业优势进行匹配，为招商人员提供优先对接名单，让对接工作事半功倍。

洽谈环节曾是横亘在招商成功之路上的一道坎。以往，企业与招商团队往往受限于时空距离，沟通不便，效率低下。如今，视频会议、线上协作平台等数字化工具，彻底打破了这一障碍。企业足不出户就能与招商团队"面对面"交流，随时展示项目规划，深入探讨合作细节，洽谈周期大幅缩短。以某沿海城市招商部门为例，工作人员曾经每月在浩如烟海的行业报告和企业官网中艰难搜寻，处理的项目信息寥寥无几，效率十分低下。而引入数字化招商系统后，这一局面得到了根本性的扭转。该系统每天能轻松收集、分析数千条项目线索，并精准筛选出高匹配度项目，招商人员的跟进效率呈几何倍数增长。在与一家科技企业的合作洽谈中，双方借助线上平台，短短一周内就完成了多轮深度沟通，较传统方式足足缩短了近一个月的时间，最终成功签约，项目迅速落地建设。东莞松山湖机器人产业园用产业链热力图精准狙击目标：通过爬取全球专利数据，锁定正处于扩张期的科创企业，再结合地方供应链优势定制方案。在新冠疫情防控期间逆势招引47家瞪羚企业，空置率仅3.2%。

有利于全面构建低成本招商体系

产业生成式招商工作涉及大量人力、物力、财力投入。传统招商模式依赖大量实地考察、大规模广告投放和复杂的行政流程，成本居高不下，在一定程度上限制了招商工作的效率与可持续性。而数字化手段的崛起，为构建低成本招商体系提供了新的契机。数字化手段在降低招商成本方面成效显著。

在差旅支出上，线上沟通工具成为招商人员与企业前期交流的得力助手。以往招商人员为与企业建立联系、沟通合作细节，常常需要频繁出差，耗费大量时间与资金。如今，借助各类线上洽谈平台，双方足不出户即可实现高效交流。据统计，运用这些工具后，招商团队差旅次数平均减少40%以上，大大节省了交通、住宿等费用，将更多资源聚焦于核心业务。

在宣传推广方面，数字化营销展现出独特优势。与传统大规模撒网式广告投放不同，数字化营销能够基于大数据分析，精准定位目标企业，将招商政策、园区优势等关键信息直接推送至潜在合作对象。这不仅大幅降低了宣传推广费用，还提升了信息传递的针对性和有效性，使每一分投入都能收获更高的回报。中部某城市经济开发区便是一个成功范例，过去每年在招商宣传册印刷、展会参展等方面投入数百万资金；转向数字化招商后，通过制作线上宣传资料，利用社交媒体、行业网站进行精准推广，宣传成本降低了60%，招商效果却显著提升。

数字化管理平台还能优化内部流程，进一步削减行政成本。烦琐的文件处理、耗时的会议组织等工作，通过数字化平台实现高效管理，提升了工作效率，减少了不必要的人力与物力浪费。在与一家智能制造企业对接过程中，某开发区全程采用视频会议、线上资料共享完成前期沟通，避免多次实地考察产生的高额费用，不仅成功引入项目，还将节约下来的资金投入园区基础设施建设中，进一步增强了园区对企业的吸引力。

有利于协同打造可持续产业生态

产业生成式招商最显著的特征就是通过培育产业生态源源不断地催生出更多具有潜力的产业。数字化赋能招商为打造可持续产业生态带来了前所未有的机遇，在推动产业协同发展、激发创新活力等方面发挥着不可替代的作用。借助数字化平台，我们能够对本地产业现状进行全方位、深层次的洞察，清晰梳理上下游产业链关系。这为围绕产业链开展精准招商提供了有力依据，从而精准填补产业空白，不断完善产业生态。以产业图谱分析为例，通过这一数字化工具能够精准定位现有产业的优势与短板，进而有的放矢地引入关键环节企业。在新能源汽车产业领域，若本地电池生产能力突出，但电机研发相对薄弱，便可以借助数字化招商手段，精准对接电机研发企业。如此一来，不仅能够补齐产业短板，还能促进各环节企业之间的协同发展，实现资源的优化配置。

数字化不仅在完善产业链方面表现出色，还极大地促进了企业间的信息共享与合作创新。搭建产业互联网平台，如同构建了一座沟通的桥梁，让企业能够在线便捷地交流技术、分享市场信息。面对技术难题，企业可以联合起来开展技术攻关，汇聚各方智慧，形成强大的创新合力。东部某高新区在半导体产业发展过程中，就充分利用了数字化招商的优势。通过深入分析产业图谱，精准引入了多家关键材料、设备制造企业，成功完善了半导体产业链。同时，为进一步激发企业的创新活力，该高新区建立了线上产业创新联盟。在这个联盟平台上，企业打破了信息壁垒，实现了紧密的在线交流与合作。它们共同聚焦技术难题，携手开展科研攻关，取得了一系列技术突破。这些成果不仅提升了企业自身的竞争力，也吸引了更多相关企业纷至沓来。短短几年时间，该高新区成功构建起从设计、制造到封装测试的完整半导体产业生态。产业规模持续扩张，发展势头强劲，成为区域经济增长的新引擎。这一产业生态的蓬勃发展，不仅创造了大量就业机会，激发了创新活力，还显著提升了地区的产业竞争力，为区域经济的可持续发展奠定了坚实基础。

▶ 常见问题

如何用 AI 精准制导提升招商效能

数字化 AI 赋能就像一部精准的产业狙击系统，能精准地破解传统招商中无法有效解决的各个痛点、难点问题，用更少的成本、更短的时间、更高的精度准确锁定目标企业，通过高效率、智能化、高质量的政府服务吸引目标企业，大幅提升产业生成式招商的效能。根据解决痛点的不同，数字化 AI 赋能产业生成式招商可以分成四个层次（见图 8-1）。层次越高，数字化 AI 对政府招商工作的赋能程度越深、功能也越强大。要推动这四个层次的应用，政府需要打造针对性的大数据招商平台，让数字化 AI 给园区带来实实在在的好处，加速产业生成式招商各个环节的衔接和落地。

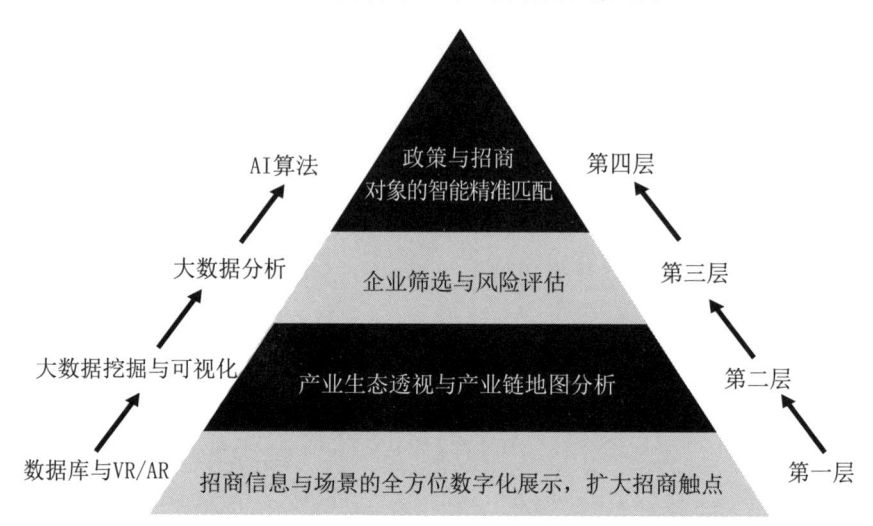

图 8-1　数字化 AI 赋能新招商的四个层次

金字塔图（从底部到顶部）：
- 第一层：招商信息与场景的全方位数字化展示，扩大招商触点（数据库与VR/AR）
- 第二层：产业生态透视与产业链地图分析（大数据挖掘与可视化）
- 第三层：企业筛选与风险评估（大数据分析）
- 第四层：政策与招商对象的智能精准匹配（AI算法）

第一层：招商信息与场景的全方位数字化展示，扩大招商触点

数字化 AI 将为政府招商提供三类全口径的信息数据与实景展示途径，解决传统招商凭脑子记、凭印象管、信息不完备、更新不及时等顽疾。千万别小看了这个方面，细节决定成败，信息的不对称、企业家缺乏实地体验感等，都会严重影响其落地决策。

（1）全天候、全口径的数字化招商动态信息

借助门户网站、移动互联网平台或 App、小程序等数字化方式，通过部署人工智能助手工具打造专属招商数字化平台，政府可以向全社会提供全口径的招商信息，24 小时发布招商资源和政策信息，进行投资意向在线问答，这是数字化 AI 最基本的赋能方式。比如广东早在 2023 年就上线了"投资广东"平台，依托第三方的大模型，

发布了超5000项招商资源，通过AI助手实现投资意向问答，满足了客商的个性化招商需求。

（2）建设企业全景动态数据库

新招商的一项基础工作是建立企业全景数据库，展开实时跟踪和精细化管理。数字化AI工具能帮助政府更加智能化地建立本区域和园区、周边区域及园区的各类企业信息数据库，实时更新和掌握注册企业、在营企业、关联企业、龙头企业、意向招商企业、潜在竞合企业、周边区域企业的动态，生成涵盖企业成长历史的档案，构建高价值、高可用性的招商企业库。

（3）产业园区全景VR/AR展示

传统招商存在宣传难、成本高和企业实地入园不方便等问题，数字化手段可以通过VR（虚拟现实）、AR（增强现实）技术搭建虚拟展厅实现线上考察，让潜在投资者和项目方全方位地观看园区的整体布局、基础设施、周边配套、核心设备等，了解园区已落地项目情况和产业布局等。比如，黑龙江滨西开发区就制作了园区"全景VR"，让企业提前直观了解园区的全貌；上海张江科学城开发AR招商系统，企业CEO足不出户完成360°实景考察；杭州开发出的"投资之家"数字平台集成了AR城市沙盘、VR工厂漫游、智能合约签约等功能，在2023年举办的首场数字招商会中，实现跨国企业高管"足不出户考察园区"，累计促成签约项目287个，其中"云签约"项目占比达45%。

虚实结合的招商全景信息与数字化展示，以极低成本让政府园区和企业家之间建立了直观联系，招商终端触角得以充分扩张。

第二层：产业生态透视与产业链地图分析

对产业链的跟踪和态势分析极为关键，它决定了招商的切入点是否准确、发力点是否合适。因此，做精细化的产业分析是任何政府招商工作都跳不过去的必修课。相对于传统招商投入大量人力物力进行产业跟踪和分析带来的周期长、成本高、精度低等问题，数字化 AI 的介入将帮助政府更透彻和快捷地了解产业生态、解构产业链地图、检测产业链完整度等。

（1）产业生态数字化透视

打造产业大脑，建设数字大屏对城市（区域）的产业生态进行数字化透视，是数字化 AI 赋能招商的一个重要方式。数字化 AI 工具可以基于内部产业数据和外部相关企业大数据库，基于数据清洗、挖掘和可视化，全景动态分析区域产业结构、产业变迁、企业分布、产业政策、服务机构等产业生态关键信息，通过产业结构和分布变化、迁入迁出产业演变、区域和产业内企业数量与结构变化、产业政策关键词、服务机构数量与类型等多维度分析，展示区域全景的产业发展动态，为政府和园区的新招商规划、人才聚集分析、产业政策调整、对外推广等提供决策信息支撑。

（2）产业链地图洞察

产业链地图是链群招商的标配动作，尤其在当今产业转型升级的大趋势下，不分析产业链地图就像一个盲人上战场去打仗，既不知己也不知彼。要打造优势产业集群、做优龙头企业，必须进行精准的产业链地图分析。相较于传统由招商团队自行搜索调研绘制的方式，数字化 AI 工具能以更高效、更快捷和更精准的方式对产业链进行全空间梳理，洞察产业链的全国（全球）空间布局、龙头企业情况、本区域的产业链环节覆盖度、聚集度、周边城市产业情况等，快速形成产业链地图雏形，为本区域基于资源禀赋和充分发挥比较优势进行差异化招商、与周边园区形成产业协同效应提供决策支撑。比如，某工业园区运用自然语言处理技术实时扫描 132 个国家的科研动态，在德国实验室石墨烯技术论文发表 48 小时内完成对接，成功引进国内首个石墨烯量产项目。这种全球数据穿透、捕获全球产业要素的数字化招商方式，可以在很多方面替代传统招商的"人海战术"，实现精准招商。

（3）产业链完整度检测

进行产业链完整度检测是新招商决策中的重要环节。相较于以前凭经验判断本区域产业链上下游环节的完整度情况，数字化 AI 手段可以更为快速地进行本地企业所属环节与完整产业链的匹配分析，锁定本地产业链的薄弱或缺失环节，同时根据大数据分析实时推荐全国（全球）范围内各产业链的补强企业或区域，为政府的产业链精准招商、补链强链提供重要的决策参考。比如，北京经济技术开发区上线产业链智能匹配平台，对接效率提升 20 倍；东莞某智能制造园区通过手机产业链热力图，锁定 30 余家关键零部件企业，为本地精准补链提供了前期决策依据。杭州开发了"数字招商指数"，该指数包含企业数字资产价值、数据流动性、算法专利密度等 18 项指标，成功预警某区块链企业技术空心化风险，避免 15 亿元无效投资，该指数模型已被国家发展改革委纳入数字经济招商评估标准。

（4）产业隐藏招商机会挖掘

大数据分析背后揭示出的规律往往会带来意想不到的惊喜，招商大数据分析平台更是如此，它能够对大量的招商关联数据进行深度挖掘，帮助政府发现隐藏的招商机会。例如，大数据分析可以发现一些新兴行业和绿色产业的潜在招商项目，这些行业可能由于传统信息获取渠道有限而未能得到足够关注。杭州经济技术开发区上线了"产业雷达3.0系统"，它整合了全球190个经济数据库，运用知识图谱技术构建产业链全景图，可自动识别产业链断点、预测技术演进趋势。当系统监测到某新能源汽车企业发布800Gwh电池产能计划时，立即触发招商预警，通过供应链匹配算法推荐本地3家材料供应商，最终促成总投资120亿元的电池超级工厂项目。不得不说，新招商已经进入智能决策时代，这种趋势未来将愈加明显。

第三层：企业筛选与风险评估

在搞定产业链图谱和态势分析后，政府可以利用数字化AI工具对目标企业进行精准画像、筛选优潜企业与虚拟仿真，这体现在三个方面：企业的多条件评估、龙头企业的关联企业图谱分析、项目的风险跟踪与评估。

（1）优潜企业的多条件评估，从招商到选商

数字化AI工具会依据区域/园区的产业招商需求，依托成熟的挖掘算法模型和筛选规则，提供多场景和组合型的企业筛选，推荐选取最适合园区产业发展方向、潜力大、成长性好的企业。在选定特定的应用场景后，让数字化AI工具从行业赛道、领先企业、科

技型企业、特定股东背景企业等多个维度入手，结合风险、业务、融资、上市、纳税等多个标签约束条件，考虑行业榜单、地域榜单、权威机构的评价，快速筛选锁定龙头企业、优质潜力企业。杭州通过构建"产业地图－企业画像－需求匹配"的智能分析系统，招商团队能做到实时掌握全球 Top100 数字经济企业的技术路线、投资动态。这套系统在 2022 年成功预判某国际半导体巨头在华投资意向，促使投资 50 亿元的 12 英寸晶圆项目落地杭州。不得不说，这就是技术的力量，更是招商方式的一次革命。

（2）龙头企业的关联企业图谱分析

龙头企业、链主企业、领军企业是产业链招商的重要依托。数字化 AI 工具可以利用知识图谱和大数据挖掘分析技术，从股权、高管任职、上下游、集团关系、交易关系等多维度寻找两家或多家企业，企业和人之间的关联关系、关联路径、关联程度，从而梳理出与区域内龙头企业、链主企业、规上企业等存在产供销金服关联的关键企业，通过企业关系链打开优潜企业的招商切入口，绘制出企业关联图谱，得到全局、全量和全景信息，方便政府快速开展以商招商、撬动链主招商等工作。

（3）项目的风险跟踪与评估

难以提前准确判断项目风险是困扰传统招商的一大痛点。数字化 AI 工具可以利用大数据分析技术（如 NLP 语义分析、数据挖掘、舆情标签归类等）对拟招商企业及项目风险进行全方位评估，包括历史舆情、工商变更、行政处罚、违法违规、司法风险等多个维度的风险信息，穿透洞察企业资质、掌握背景动态信息、挖掘隐性风险，由 AI 系统自动生成项目评分报告，提高前期尽调准确率，实现风险前置预警。比如，在资本招商中，上海国资院通过产业资本布局、财务风险量化、数据治理与智能分析等维度，借助云技术整合企业数据，构建风险评估模型；广州黄埔区建立招商数字孪生系统，实时监测企业成长轨迹。

第四层：政策与招商对象的智能精准匹配

在新招商中，政府园区与招商对象间互为供需关系，两者间的匹配异常重要，但以往要么是"政策找企业"，要么是"企业找政策"，相互脱节严重。事实上，不论是招商信息的数字化展示还是产业链图谱分析或企业评估筛选，最后都是为了达成政府园区和招商对象间高效率、高精度的匹配，实现政策最后一公里落地。数字化 AI 工具在此过程中能发挥巨大作用，主要体现在两个方面。一是政策与招商对象的精准匹配，即政策计算器；二是企业 AI 选址与数字孪生虚拟仿真先行验证。

首先，数字化 AI 工具可以利用企业数据库中的企业数据与政策条件进行精准匹配，当然企业也可以通过标签筛选查询政策匹配适用的政策。比如，苏州工业园区的政策计算器就能在 3 分钟时间内为企业生成定制化政策。2025 年因 AR 眼镜火出圈的杭州灵伴科技创始人祝铭明在接受记者采访时说的一句话，道出了招商政策数字化精准匹配的价值。他说："我们申请完一个补助，8 分钟之后就到账。然后领导跟我说了一句，'我们做得还不够，还要你去申请。其实理论上来讲，当我们的系统判别出你符合这个资格的时候，应该自动把钱打到你的账上，我唯一要做的是通知你有一笔钱，你看看收到没有'，这让我非常感动。"能让企业家和创业者感动的不只是杭州当地的营商环境和服务意识，数字化 AI 系统也在其中发挥了不可替代的作用。

其次，数字化 AI 技术还可以通过为企业提供 AI 选址及入驻后的仿真模拟来提升企业落地意愿。比如，某科学城利用数字孪生技术打造了虚拟园区系统，企业在入驻前即可模拟生产线布局、能耗数据及物流动线，增强了园区对企业的吸引力，企业的决策效率提升 70%。这种虚实融合的招商场景，打破了传统地理空间限制，形成"数字空间先行验证 – 物理空间精准落地"的新型决策链条。

综上所述，数字化赋能新招商不是简单的技术升级，而是招商思维的升级，它让政府从被动等待变为主动挖掘，从大海捞针变为精准出击，从延迟获取变为实时跟踪，从经验驱动变为数据驱动，从人工决策变为智能决策。永远都不要说经济下行压力大、内卷严重、没有出路，真正能活下来而且活得好的产业园区和招商团队，一定是那些专门把招商痛点当钉子、善于运用数字化手段死磕招商过程的狠角色。

新形势下如何实现以"数"招商

当传统招商模式遭遇瓶颈，数据要素正以颠覆性力量重构产业生态，一场以数据为纽带的产业升级浪潮席卷全国。在这场变革中，数据不再是冰冷的二进制代码，而是成为撬动数万亿级投资的战略筹码。

链主引领：生态聚变驱动数据共生

链主企业的数据辐射能力构建了产业生态的神经中枢，通过数据接口标准化与开放协议，形成跨组织的实时数据流动网络。其核心在于建立"数据引力场"——链主沉淀的行业知识图谱、生产模型算法及市场洞察数据，吸引上下游企业主动接入并贡献细分领域数据。这种共生关系突破传统供应链的单向传导，实现数据要素的模块化重组。

作为全球动力电池龙头企业，宁德时代在福建宁德、贵州贵安等地构建了工业互联网数据中台，向50余家配套企业开放电池生产全流程数据，形成从材料研发到电池回收的协同网络。通过实时共享设备运行参数、工艺优化数据，配套企业可动态调整生产计划，使园区整体研发成本降低23%，订单响应速度提升40%。这种"数据开放－生态优化"机制吸引了锂电隔膜企业恩捷股份、电解液龙头天赐材料等关键供应商就近布局，仅在贵州基地就带动12个新能源汽车及电池产业项目签约，涵盖电芯技术、结构件等领域。更值得注意的是，宁德时代2023年推出的"时代碳链"系统，覆盖锂电产业全生命周期的碳排放数据，通过开放碳足迹核算模型，引导供应商优化绿色生产工艺，形成全球首个锂电产业碳中和数据标准。

海口市通过搭建"链主企业＋数字化服务商"联合平台，推动康宁（海南）光电科技等龙头企业开放智能生产数据。政府利用区块链技术构建可信数据交换环境，使中小企业可实时获取面板行业需求预测模型，仅 2023 年就吸引了 37 家配套企业落户，形成年产值超百亿的光电产业集群。该模式中，链主企业通过数据开放获得政府提供的数字化转型补贴，而政府借助产业数据图谱精准招商，实现"数据资源 – 政策资源 – 产业资源"的闭环流转。

要素激活：市场磁场吸引数商聚集

数据要素市场通过完善交易机制、确权规则和流通标准，降低交易成本与合规风险，吸引数商形成生态集群。2022 年 8 月，青岛在全省率先启动公共数据运营试点工作，并逐步建设以公共数据运营主体为核心的一级市场，以行业龙头企业为核心的二级市场，以产品服务为核心的三级市场，构建集供数、治数和用数于一体的公共数据运营体系，形成了"以公共数据运营撬动数据要素市场"的发展模式。值得注意的是，青岛市公共数据授权运营，授权的是数据治理，而非具体场景建设。因此，虽然授权运营的试点单位是一家企业，但广大市场主体都可以平等参与公共数据开发利用。此外，为充分发挥数商及科研机构在数据要素开发、流通、运用中的主体作用，青岛围绕打造"数据要素流通、应用场景引领、产业赋能创新"三个中心和"城市数据要素市场化配置"改革样板，规划 51 项具体目标任务，引导鼓励企业和科研机构加快推进数据关键技术创新，加大龙头数商引育力度，打造数据产业示范标杆。

截止 2024 年 6 月，青岛公共数据开发利用的资源池已融合汇聚高点视频、物联感知等高质量公共数据总计 3180TB，包括 1.3 万个可共享数据集。其中，海洋环境、卫星遥感、海洋地理信息等 48 亿条高质量海洋数据总量超过 50PB，占全国比重约 25%，为深入挖掘数据应用场景、开展深层次创新提供了广阔的市场空间。以公共数据运营作为经营主体融合创新"底座"，截至目前，青岛已为 70 多家金融机构提供涉企公共数据服务，授信资金超过 2000 亿元。此外，在医疗、交通、康养、民政等领域，相关领域数据应用场景也在逐步落地。

算力筑基：数字底座支撑产业崛起

在数字经济蓬勃发展的时代，算力犹如坚固基石，构建起坚实的数字底座，全方位赋能产业崛起。算力深度渗透于工业互联网、数字政府、医疗交通等诸多领域，通过充分释放数据要素价值，吸引众多企业汇聚，形成产业发展的强大合力。

贵州借"东数西算"工程实现了跨越式发展。曾经"天无三日晴，地无三尺平"的西南内陆省份，如今凭借算力成功跻身全国算力第一梯队。截止 2024 年，贵州已建成 20 万架标准机架，服务器承载能力达 225 万台，综合算力位居全国前三。其打造的算力调度平台，实现了沪黔算力资源的跨区域高效融合，上海浦东（张江）算力平台的挂牌运营，更是标志着"东数西储"从设想步入实操阶段。此外，贵阳大数据交易所已吸引 900 余家数据商入驻，上线涵盖算力、时空、电力等 12 个行业专区，构建起"数据要素流通——场景应用——产业赋能"的完整生态链，为产业发展提供了全方位的数据支持。

无独有偶，呼和浩特市凭借其全国八大算力枢纽节点的战略地位，以绿色算力为关键突破口，多维度发力推动招商引资，加速产业升级与经济转型。当下，呼和浩特算力规模达 5.4 万 P，服务器装机能力超 150 万台，绿电使用率超 80%，电力成本低至 0.32 元/千瓦时，为数据中心的高效运营提供了有力支撑。该市聚焦"储、造、算、输、研、用"六大环节，精准招商，已成功落地华为、科大讯飞等 110 余家企业，形成了从数据中心建设、设备制造到应用场景开发的完整产业链条。同时，积极引进并行科技、东方超算等 14 个制造业项目，构建起软硬件协同发展的良好生态，为地区经济的高质量发展注入了新动能。

如何用数字化打造招后服务"大脑"

改善营商环境已经成为老生常谈的一句话。但究竟什么是好的营商环境？关键看招后服务，对产业生成式招商来说更是如此。招前说的再好、承诺再多，招后的服务不好、承诺不兑现，会立刻形成巨大的负面效应，好事不出门、坏事传千里。说得再具体一点，招后服务的最高境界是企业看不见招商专员，而是干完事、服务完就消失，政府不给企业增添任何额外的压力、负担和摊派接待任务等。但要做到这一点，单靠招商人员的认识和素养提高还远远不够，更要仰仗技术的力量。数字化 AI 技术和手段正在成为招后服务的大脑，发挥其独特的作用。

招后服务"大脑"最常见的一种应用方式是利用大数据挖掘入驻企业的痛点,再创造性地加以解决。

长三角某省份的招商专员经常碰到一个"奇怪"的情况:政府每年补贴,企业却连厂房都不愿意看;推出各种优惠措施,企业却无动于衷。为什么会出现这种情况?因为企业家要的不只是政府的补贴,更重要的是自己在研发创新和生产销售过程中的实际问题能否得到解决。比如,园区是否有完善的中试验证平台,这对科技型企业实现从概念产品到规模化生产极为关键。再比如,制造型企业更关注园区能否实现 24 小时货车进出、卷帘门高度有多少米、行吊起重机能承受 5 吨还是 10 吨……

发现痛点和真需求以后怎么办?"大数据分析+招商直播"是一种有效的解决方案。该园区的招商团队将自己从原来的"招商说客"打造为大数据分析师和招商主播,白天他们潜心研究工厂老板的新媒体评论区,还把当地产业链上中下游企业的新媒体账号扒了个遍,发现做电机的老板爱看焊接视频,搞注塑的厂长关注模具维修直播。找到这些线索后,他们又继续用大数据分析摸清目标客户刷视频的时间,发现早上 7 点和晚上 10 点左右是老板们刷视频的高峰时段。于是他们做了三件事,一是在这两个时间段集中直播,二是成立内容开发组调整拍摄直播内容的重点,三是培训出一批舍弃西装革履传统形象、穿劳保鞋下车间的园区主播。比如,镜头专门抓企业家关注的重点和最能打动人的场景,从气派的园区大门和林立的楼宇转向卷帘门高度、三相电箱位置等细节,在直播验厂时不讲容积率,而是展示几吨的钢锭砸向地面测试沉重、用烟雾测试排风机极值、凌晨三点的物流卸货区（证明 24 小时能卸货）……一系列创新组合拳下来，效果出奇的好，转化率明显提升，园区厂房从原来的无人问津到爆满，一条展示卸货平台的视频直接带来 3 家新能源汽配物流企业签约。

发现真需求，抛弃高大上的说辞，让企业有真实的体验感，是招商人员最该做的事。事实上，现在越来越多的年轻招商人员开始采用"大数据分析＋直播验厂"的方式实现低成本获客。这种做法的思路并不复杂，它也只是大数据分析的一个常规应用，但需要的是敢下功夫找到痛点和真需求，而不是想当然掉在传统招商思维中不能自拔。

除了通过大数据挖掘企业痛点外，利用 AI 算法实现政策与企业的精准匹配，让企业对各项惠企政策"应知尽知""应享尽享"，主动为企业提供政策服务包和各种超出企业家想象的增值服务，是招后服务大脑的另一种有效应用方式。尤其是招后增值服务，是数字化 AI 工具发挥作用的绝佳舞台。

企业入驻园区落地项目后，需要的各种服务不是少了而是更多元复杂了。此时，政府是主动根据不同企业情况提供定制化服务包，还是被动等待企业找上门，或有政策却藏着掖着外加设置各种障碍，是决定企业家对园区体验感的重要因素。来看看杭州市政府怎样利用数字化 AI 手段提供主动的增值服务。

2025 年 2 月 14 日，杭州市人民政府在官方主页上发布了一则通知，名为"关于高质量实施 2025 年市政府'为企办实事'项目的通知"，其中第一条的内容就是关于政策主动推送率："亲清在线·政策超市"

实现全市新增惠企财政政策（含解读）主动推送率超96%，主动推送政府采购政策和信息清单，惠及全市中小微企业7万家以上；引导有序布局境外产业，每月主动推送国别政策动态15条。

虽然看似简单，但内容扎实又暖人心。事实上，这只是杭州推动招后服务数字化的冰山一角。2018年杭州市政府出台《杭州市全面推进"三化融合"打造全国数字经济第一城行动计划》，首次将"数字招商"提升至城市战略高度。自此杭州一直走在数字化招商的全国前列，推动了一场利用数字化手段改造营商环境的招后服务革命，体现在服务标准升级、人才精准服务、产业配套模拟等方面。

在服务标准方面，杭州将"最多跑一次"改革升级为"一次都不用跑"，背后就是服务全流程的数字化再造。比如，余杭区试点的"智能秒批"系统，通过区块链技术实现企业注册"零材料提交"，营业执照审批时间压缩至8分钟。更具创新性的是"政策计算器"，运用NLP技术解析2.3万条政策条款，为企业自动匹配可申报政策。某生物医药企业通过该系统发现23项未申报的政策，后续累计获得补助资金5800万元。

在人才服务方面，杭州构建了"人才码"生态系统。这个系统集成了163项服务的数字身份认证，使人才实现"一码通行"创业服务、医疗教育、金融服务等场景。同时，杭州还打造了"数字人才银行"，运用大数据分析技术，为企业精准推荐匹配度达92%的候选人。该系统帮助某AI芯片企业在3天内组建起60人的核心研发团队。

在产业配套领域，杭州打造出"数字孪生园区"。钱塘智慧城的虚拟园区实时映射物理空间运行状态，可模拟验证新入驻企业对能源网络、物流体系的影响。某智能装备企业在入驻前通过数字孪生系统优化产线布局，节省改造成本3000万元。

讲到这，再回到营商环境这个老话题。如果一个地方政府能利用数字化AI手段，让企业家和项目团队真正体会到前置的一键兑付、企业诉求的实时响应和项目审批的无感服务，能够充分享受到超出惊喜的增值服务，既能帮入驻企业找到额外生意赚钱，还能帮企业拿补贴省钱，这样的营商环境就是无敌的，就是最好的。难怪某跨国企业CEO在体验杭州"亲清在线"的"30分钟完成外资备案"服务后感叹："杭州的行政效率已超越硅谷。"这样的营商环境，不出"六小龙"才怪；这样的招后服务，更会吸引其他企业和创新团队来杭州发展，良性的招商循环就此形成，这才是一个城市最大的排面。

▶ 关键抓手

抓手一　构建数字化招商平台

建立基于智能驱动的一体化数字招商系统，集成企业数据库、产业链地图等模块，实现招商流程全生命周期管理；支持线上产业诊断、企业画像分析和投资决策，提升招商精准度。

抓手二　打造招商数字孪生体

有条件的地方和园区可以构建三维数字孪生模型，全方位沉浸式展示空间和业态布局，实现"云看地、云观厂、云签约"全流程。

抓手三 部署 AI 数字人招商专员

智能接待企业日常咨询，自动解析企业需求并生成定制化方案。

抓手四 成立数字化招商专班

通过培养或引进的方式，打造一支"数据分析师＋产业研究员＋技术工程师"复合型团队，加强对各类招商模式的全方位技术支撑。

抓手五 建立数字化招商评估体系

从线上平台访问量、客户转化率、响应时效等方面构建动态评估模型，结合专家评审与机器学习实现智能评分，实现数字化招商的管理闭环。

第九章

如何落地产业生成式招商：5D框架

核心观点

- 从传统招商进阶到新招商，不是打补丁，而是换系统，需要对生态、品牌、模式、组织和政策进行全域诊断和优化调整。

- 新招商本质上就是一种创新创业，在不确定时勇于决策、敢于承担，才有可能真正获得长期的战略回报。

- 产业生成式招商首先需要有一双发现场景的慧眼，更要有一颗敢于从0到1的雄心。

- 要做好产业生成式招商这篇大文章，必须从根本上确立新的招商政策导向，重塑招商政策体系，从政策竞争转向环境竞争、服务竞争。

地方招商引资的竞赛中既有领先者，也有落后者；既有快速转型者，也有迷茫守旧者。如何结合本地实际情况，灵活组合应用六种新招商方式、引入数字化 AI 手段，改革与升级传统的招商范式，推动产业的高质量生成，是每个城市都应关注的重大问题。

产业生成式招商的切入点是城市战略，一切招商活动都要围绕城市战略展开。洞悉城市发展的产业定位，理解城市发展的产业目标，才能真正做好产业生成式招商，这是地方政府运用 5D 框架落地产业生成式招商的基本前提。

从传统招商进阶到新招商，不是打补丁，而是换系统。新招商首先要充分了解"本区域有什么（生态）""本区域需要什么（产业）""本区域能提供什么（服务）"。这就要求从宏观上对本区域、周边区域的产业发展态势和资源禀赋、产业政策、拟选定产业的市场动向等有全局性掌握。本章提出的5D框架，就是旨在为各地政府提供一种产业生成式招商"生态诊断——品牌传递——模式组合——组织配置——政策导向"的五步操作方法论（见图9-1）。

第一步：精准微生态诊断（Diagnosis）

第二步：传递新招商品牌（Delivery）

第三步：动态组合新招商模式（Dynamic）

第四步：升级配置新招商组织（Deploy）

第五步：确立新的招商政策导向（Directive）

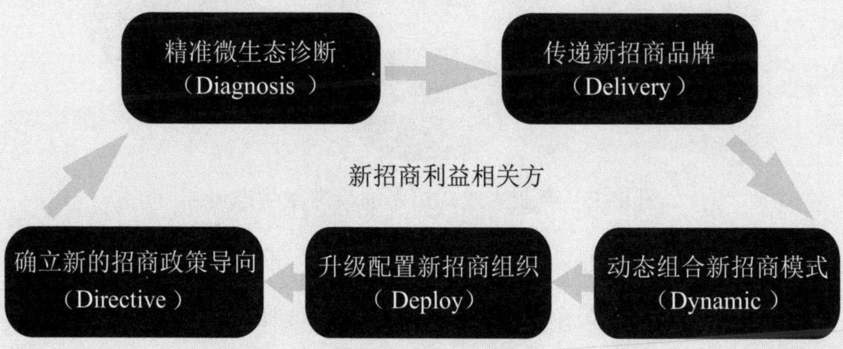

图 9-1　产业生成式招商落地的 5D 框架

第一步：精准微生态诊断（Diagnosis）

本地生态是否适合产业生成，决定了从传统招商转向新招商的发力点究竟在哪儿。对本地开展前置性的精准微生态诊断，搞清楚本区域有什么、缺什么，从而"查缺补漏"，是产业生成式招商规划和落地的第一步。

精准微生态不是平常所讲的宏观大生态，而是在一个小的区位范畴内、围绕特定类型科创项目打造的精细化孵化与赋能放大成长生态，它由五个"精准"构成（见图9-2）：精准的人群，精准的孵化，精准的资本，精准的产业链，精准的赋能。

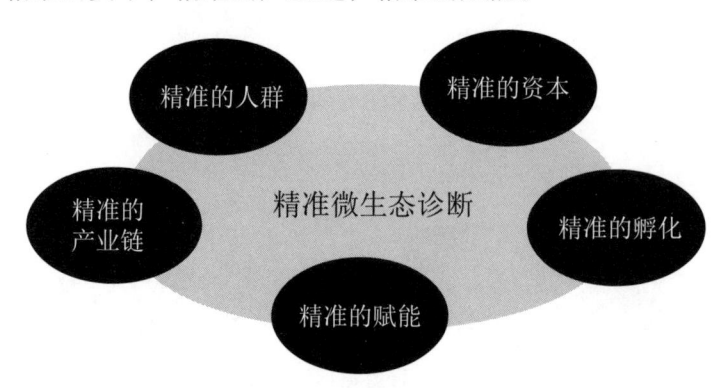

图9-2 产业生成式招商的精准微生态诊断

"精准的人群"是指谁来做科创这件事。不是谁搞都行，必须筛选出最适合做科创的团队或人群，尤其是找到科学企业家、工程师、创新型高管、科技海归等适合科技成果转化与科创项目孵化的细分人群和团队。如果一个园区有一套筛选精准科创人群的机制，有一种能稳定提供本地产业生成需求的科创源头与人才团队的方法，那么就会有源源不断的科技要素涌入。相反，如果全是凭运气大海捞针寻找科创源头，那么整个产业生态就缺乏根基、难以稳定。飞地招商、科技招商的核心价值就在于找科创源头。

"精准的孵化"是指是否建立了促进逆向孵化、场景孵化等机制。比如，为科创项目提供订单来源线索，挖掘和建立本地特色场景供需清单，形成科创项目与市场订单、场景的对接推进的方法，将在很大程度上决定科创项目孵化加速放大和生成产业的效能。一位国家级高新区的招商人员说他的主要工作就是给企业跑订单、找需求，重点放在下游，这跟以往谈项目重点抓前端的工作内容有很大不同。从谈项目到跑订单，恰恰是园区构筑精准微生态的生动体现。

"精准的资本"是指到底由谁来投资，不是有钱就行，而必须找懂产业、看得准项目的资本。因此，园区内是否配备了拥有丰富产业背景和专业经验的投资机构，是否引入了具有产业项目实操经验、经历过从孵化到产业化全过程的投资团队，对产业生态异常重要。深入分析就会发现，如今市面上并不缺钱，真正缺的是有专业背景的钱。专业的人做专业的事，这在产业生成式招商中显得尤为重要。那些由在某个赛道创业成功并转身成为投资人建立的投资机构，或是企业内设 CVC（即企业创投），都具有一双"毒辣"的眼睛，能替政府招商部门更好地把关科创项目。

"精准的产业链"有两层含义。一是本地区内是否有龙头企业或链主企业等大企业，或是否具备相对完备的配套产业链企业，能为科创项目的孵化和产业生成提供有力的支撑和准确的"卡位"。

二是本地区是否形成了一种将产业链资源与科创项目准确衔接的机制。仅有存量资源不足以构成生态，激活存量、链接增量、互动增强、良性共生才是生态。长三角地区或粤港澳大湾区的高新区在招引科创类项目时有较大的竞争优势，一个重要的原因是有相对完备的产业链配套，"关键的零部件和组件基本半天内就能搞定，100千米物流半径只需要一个半小时车程，响应速度很好"，长三角某国家级高新区的招商人员如是说。

"精准的赋能"是指本地是否形成了一种针对科创项目成长全过程痛点的重度专业赋能体系，而不是基础赋能。精准赋能的关键是要急人之所急，急项目之所需。比如，医疗器械类的科创项目获取资质通常要花较长周期，如果园区能高效甚至提前替该项目打通资质办理的通道，无疑会让项目加速成长。

前置性地展开本地的精准微生态分析，可以在很大程度上判断出项目的优劣或园区招商是否有吸引力：团队人群是否靠谱，产业链配套是否到位，资本是否专业，赋能是否精准……在以往，"五个精准"的产业微生态通常是自发形成的，政府没有刻意打造。而现如今政府要刻意打造这样一个精准微生态，将几个关键方"凑"到一起，让龙头企业、大学和科研院所、科学企业家、产业资本、孵化加速机构等形成一个具有无限产业生成活力的微生态，而不再是散兵游勇式或随机形成。来看下面的案例，就能对如何刻意打造精准微生态有更清晰的认知。

【案 例】

江阴高新区微电子集成电路的精准微生态

江阴高新区成立于20世纪90年代，其微电子集成电路产业在发展过程中逐步形成了一种产业生成的精准微生态，持续孵化和引入集成电路设计类企业进行延链拓链，成为一种颇具活力的新招商范式。

位于江阴高新区的长电科技是集成电路系统集成和封装测试领域的国内老大、全球前三，是区域内的龙头企业，这奠定了"精准产业链"的基础。公司创始人为江阴本地人王新潮，他曾担任长电科技前身江阴晶体管厂的厂长。2017—2018年，长电科技三次向国家集成电路产业投资基金及芯电半导体定增后，国家大基金上升为第一大股东，芯电半导体成为第二大股东，王新潮自己名下的新潮集团逐步减持。2018年9月，王新潮辞任长电科技CEO，并从2019年4月起不再担任长电科技董事长。随后，王新潮专注于集成电路的投资，利用江苏新潮创新投资集团的平台投资半导体及相关硬科技领域，投资方向覆盖半导体全产业链，包括设计、制造、封测、装备及材料等上下游领域。此外，江阴高新区也成立了自己的集成电路产业投资专项基金，双方共同构成了"精准的资本"。

与此同时，江阴高新区也在微电子领域积极布局向前端设计环节的拓链延链。在这种情况下，王新潮利用自己的影响力和人脉引入了中国科学院微电子所等国内一流的科学家资源。2020年5月，江阴市政府、江阴高新区政府、中国科学院微电子所和新潮创投集团四方投资共建"集成电路设计创新中心"，专门引进培育孵化集成电路设计类的项目和企业。王新潮与中国科学院微电子所科学家利用自身的专业知识和产业影响力,到全国各地寻找有潜力的项目和标的。因为其专业背景、经历过从孵化到产业化的全过程,所以看项目团队看得很准,弥补了政府招商人员在集成电路专业判断方面的短板,从而为江阴带来"精准的人群"。此外,江阴高新区专门建设了5500亩微电子产业园及集成电路产业标准厂房、通用配套设施,为集成电路创业团队、小微企业提供拎包入住的载体空间与服务,这就是"精准的孵化"。更重要的,王新潮很清楚初创项目在发展壮大过程中需要什么,因此会提供专业化的资质服务、市场订单对接、销售渠道服务等,急团队之所急,扶持项目快速发展,这就是"精准的赋能"。江阴高新区微电子集成电路的精准微生态如表9-1所示。

表9-1 江阴高新区微电子集成电路的精准微生态

五个精准	对象	备注
精准的人群	全国范围内的有潜力项目	王新潮和中国科学院微电子所科学家凭借几十年的行业眼光精挑项目
精准的资本	新潮创投/政府专项基金	王新潮成立的集成电路行业投资机构,以及江阴政府的集成电路产业投资专项基金
精准的孵化	集成电路设计创新中心	四方共建创新中心,江阴高新区建设5500亩微电子产业园,配备专业设施设备
精准的产业链	长电科技公司	全国最大的集成电路封装企业
精准的赋能	新潮创投+设计创新中心	提供专业化的资质服务、市场订单对接、销售渠道服务等

江阴高新区打造的精准微生态逐渐为自己带来产业链的壮大,

新招商成效较好。比如，已经成长为独角兽企业的盛合晶微公司原名为中芯长电半导体有限公司，由中芯国际和长电科技强强联合创立。之所以落户在江阴高新技术产业开发区，一是看中了长电科技在当地的就近加持因素，二是江阴独特的区位优势和成熟的产业环境颇具吸引力。该公司利用江阴的精准微生态，大幅缩短了芯片从前段到中段及后段工艺之间的运输周期，快速成长为中国大陆首家专注于12英寸中段凸块和硅片级先进封装的企业。

盛合晶微在成长过程中，还有一个不得不提的故事。2020年12月，美国商务部将中芯国际列入实体名单，中芯长电也未能幸免。2021年4月，中芯国际发布公告称，拟转让中芯长电55.87%的股份，通过剥离业务的手段规避中芯长电"黑名单"问题。2021年4月，中芯长电半导体有限公司更名为盛合晶微半导体有限公司；同年10月，盛合晶微宣布与系列投资人签署了总额为3亿美元的C轮增资协议；2025年年初，盛合晶微宣布面向耐心资本的7亿美元定向融资已高效交割，本次新增投资人包括无锡产发科创基金、江阴滨江澄源投资集团等8家国资机构，为推进公司的科创板上市写下了浓墨重彩的一笔。

截至2024年，江阴高新区打造的集成电路精准微生态已成功引进24家集成电路设计及相关半导体领域企业，形成产业链上的良性互动，成为国家集成电路封测高新技术产业化基地，新招商效果显著。

在对本地进行精准微生态的分析和查缺补漏后，下一个关键的步骤是打造新招商品牌、传递产业生成式招商的理念。

第二步：传递新招商品牌（Delivery）

新招商是一种全新的招商理念和方法论，是对城市发展思路的一次重新塑造。因此，打造本地新招商品牌，将产业生成式招商的理念准确传递给招商对象，说服和打动企业家或项目负责人，是无比重要的一步。然而，现实中这却经常成为不被人注意的"败笔"。

一位 EMBA 学员跟我吐槽，EMBA 这个群体经常成为各地的重点招商对象，但每次遇到地方的招商人员都会感觉很别扭，因为对方介绍本地情况"干巴巴的，没有意思，又不得不耐着性子听完"。为什么会干巴巴？很简单，招商人员介绍的内容和话术同质化，没有个性化地对待不同招商者，缺乏兴奋点，不吸引人。每个招商人员都在重复讲述本地有哪些优惠措施，但你真的理解项目的痛点、知道企业家的兴奋点在哪儿吗？你真的能向企业家准确传递产业生成式招商的精髓让其产生兴趣吗？

如今的企业家和项目负责人对各地产业发展和营商情况的了解程度远比以往高，信息不对称大幅度降低，他们会货比三家，在广泛谈判和多轮博弈后再做定夺，招商人员靠一个 PPT 和一个三寸不烂之舌就能忽悠项目落地的时代已经一去不返。

在产业生成式招商的新阶段，企业要的不是 PPT 而是痛点，必须撕掉"假大空"，遵循"十六字法则"打动人：抓兴奋点，勇气担当，巧妙介绍，真诚恳切。掌握了这十六个字，就能将产业生成式招商的理念传递给招商对象，抓住对方的"七寸"，从而提升招商成功率。

1. 抓兴奋点

这是指通过分析项目的痛点难点和负责人的心理诉求，找到对方的兴奋点，再结合本地独特优势和产业生成的招商目标进行精准沟通，甚至主动为项目创造额外价值实现招引。抓人心是一个大本事，所以招商人员往往还是半个心理学家。比如，很多科创项目就是奔着为本地大企业配套去的，这本身是产业生成的重要拼图。如果当地政府能帮项目对接大企业订单或让其更容易进入大企业供应商体系，就会一下抓住项目的需求痛点、击中负责人的兴奋点，从而提升招商的成功率。再比如，某些科创项目在孵化验证阶段已经证明其技术强、产品优、市场潜力好，但缺乏推向市场必须具备的相应资质。如果当地政府能帮助其快速解决资质审核问题，这类项目落地的可能性也会大大增加，对本地的新产业生成带来很大帮助。

招商的尽头是帮企业赚钱。除了上面的常规操作，还有一条能让企业死心塌地的，就是帮其带来额外生意。某园区招商团队将空置办公楼改为免费直播间，手把手教园区内的企业主用短视频接单，利用新媒体直播为企业获客。比如，某新材料企业靠拍车间的流水线视频拿下多个订单，某高端设备企业依靠直播维修过程吸引了海外客户。企业主算过一笔账：入驻该园区租厂房，线上获客赚取的利润能覆盖2~3年的租金。园区的这种做法引起了多家尚未入驻园区的企业关注，后期招商转化成功率有明显提升。

2. 勇气担当

这是指项目在落地过程中遇到可能的阻碍、需要突破某些旧有刚性约束或项目暂时不能完全看清前景但又表现出巨大潜力时，相关部门和人员敢于决策和担责推动产业生成的勇气。人们常说，"赌"不靠谱，但关键时刻搏击一把往往会带来高回报。一位西部省份的园区负责人在推动某个对当地产业生成具有关键作用的科技项目落地时，面临层层上报的问题，然而等最终批准下来就会贻误最佳时机，企业可能会转投他地。在这种情况下，园区负责人向上级立下军令状，"出了问题自己负责"，最终该项目顺利落地并迅速走上正轨。合肥政府早年在引入京东方大项目时，也体现出了足够的勇气担当，否则就难以补齐合肥家电产业生成的关键一环——新型显示屏幕，也就难以实现合肥家电制造业从跟跑、并跑到领跑的产业突破。招商工作本质上也是一种创新创业活动，在不确定时勇于决策、敢于承担，才有可能真正收到长期的战略回报。

3. 巧妙介绍

具体有三个"巧妙"。

第一个巧妙是多介绍本地招商的特色成功案例，尤其是历经波折最后成功落地的案例，这种案例最能打动潜在的优质项目负责人，会为其营造一种自己项目在未来遇到困难时与当地政府部门共同攻坚克难解决问题的真实场景。相反，招商人员喋喋不休地讲述本地有多大优惠力度往往让对方无感甚至反感。

真实的东西最有力量。某园区招商团队利用短视频传播迅速、涉及面广的特点，改变了向客商介绍本园区优势的传统方式，直接在短视频里晒出入驻某高能耗企业的电费单。该企业原本是用电大户，与园区谈判后的绿电优惠让企业一年省出百万元。这种真金白银的展示和对比，让那些观望企业真切感受到政策落地的威力和园区服务的诚意，迅速招来一批企业询问，后期的落地转化率也迅速提高。

第二个巧妙是让成功招商企业现身说法、亲自介绍，大幅提升被招商对象的信任感。某园区招商团队发现一个严重问题，招商电话打的越多，对方越反感，甚至让对方"接到招商电话以为是诈骗"。于是，招商团队改变策略，直接让入驻企业拍视频讲述招商前和落地后的故事，一家企业说："所有园区都说要送补贴，但有的园区要押金50万元，设置了各种复杂条件，让我们望而却步。对比三家才发现这个园区政策透明、程序简单，没那么多前置条件，让我们能集中精力干该干的事。"

第三个巧妙是以情动人，以文化引人。比如，将本地生成产业的战略规划与项目负责人的产业理想有机结合起来，既能传递本地的招商理念，又能拉近与企业家的距离。再比如，科技海归群体通常有相近的生活方式和思维习惯，如果营造一种类似其学习生活过的海外文化生态和企业氛围，会让其更快融入。比如，无锡市下辖的太仓市号称"中国德企之乡"，聚集了560家德资企业，是德国人在中国最大的聚居区。如果留德博士回国创业或投资，太仓政府可以此作为招引的关键品牌宣传方法。

4. 真诚恳切

真诚恳切有两层含义，一方面是指传递的信息要真实，另一方面是态度要诚恳。这对于当地引入高质量项目、生成高质量产业起着"看不见却极关键"的作用。因为产业生成式招商不是随机招引一两个大项目落地，而是以生成产业为目标的系统化招引，产业链上下游的项目和企业会形成一种口口相传的招聘品牌效应，任何一个环节出了问题，整个产业的其他环节也跟着受影响。某地曾流传着"JQK"的套路，先满口承诺把项目招进来，深度套牢后却不兑现当初的承诺，最后把企业榨干油后踢出去。对引进来的项目"关门打狗"是最要命的，放眼望去采用这种做法的地方并不在少数。但凡这种负面案例在企业家之间口口相传，这个地方的口碑就会迅速恶化，招商的隐性成本急剧增加，更不用说去生成产业了。态度诚恳是指真诚、不浮夸。在当前信息差越来越小的时代，浮夸的产业忽悠很容易被揭穿，基于真实信息和真诚介绍的产业生成式思路却愈加稀有。

以上"十六字法则"中，既有"道"的内容（真诚恳切，勇气担当），又有"法"的方面（抓兴奋点），还有"术"的应用（巧妙介绍），其终极目标是打造本地的新招商品牌，向招商对象有效传递产业生成式招商的内涵，提升招商成功率。

第三步：动态组合新招商模式（Dynamic）

怎样因地制宜地组合新招商模式，确立产业生成式招商的实施路径？

事实上，本书所提到的六种新招商模式在所有城市中都可以采纳，不分领先城市或欠发达城市，但在不同阶段的侧重点和使用程度有所不同。在由传统招商向产业生成式招商升级的过程中，各地需要结合自己的资源禀赋、产业现状和城市规划加以动态组合优化，以产业生成为目标，打出一套精准的模式"组合拳"。

根据前期调研和情况摸底，我们将国内城市大致划分为四类情况，针对每一类提出了可供借鉴的新招商模式组合。

第一类：对于成熟企业较多、面临产业转型升级的城市，可以采用"内创招商→科技（飞地）招商→产业链群招商"的路径。

如果某个地方的成熟企业数量众多，具有较好的资源基础和产业配套，但同时面临产业转型滞后和高端化升级不力的难题，则可以从内创招商切入，通过激发本地存量寻找增量创新项目。在此过程中，如果本地科技要素供给乏力，则需要进一步开展科技招商，甚至在外地建立科创飞地，引入符合产业生成需求的科技人才、团队和项目，再结合制造业转型升级的场景需求引入产业链群招商进行延链、补链，有条件的地方可以直接进行产业升级，将聚链成群作为目标。

然而，内创招商在地方上往往严重"忽视"。调研中我们发现有些发达地区不是充分利用本地丰富的存量资源，而是一味地从外地花大价钱引入科技要素、搞大手笔的科技招商投入。这个大方向固然没错，但综合分析至少存在两个隐患：一是新产业生成与传统产业的协同性较差，没有利用本地的存量资源撬动科创项目发展，"两张皮"现象严重；二是很容易卷入与外地科技招商的同质化竞争，导致招商的投入产出比低下，出现产业生成"高不成低不就"的风险。

第二类：对于科教资源丰富的城市，可以采用"科技招商→资本招商→产业链群招商"的路径。

如果某个地方科教资源丰富，那应该恭喜，这是产业生成式招商最重要的动力源。该地可以把充分挖掘本地科技潜力、推动科技成果转化的科技招商作为直接切入点。在此过程中，应该配合以强有力的资本招商，推动科创项目的孵化、放大和产业化。此外，还需要结合本地和周边的产业链情况，通过补链或强链招商为产业生成提供关键的配套支撑，需注意的是并非必须补齐产业链上的所有环节，而是关键环节。

比如，北方某些中心城市拥有丰富的大学和科研院所资源，应该以科技招商作为产业生成式招商的关键切入点，推动科技成果转化和创新联合体的打造，实现相关科创项目的本地化快速落地。然而，调研中我们发现一种情况，不少地区坐拥宝贵的科教资源却并没有投入大精力推动科技成果转化，反倒是很多本地科研团队被其他省市挖走，甚为可惜。如果本地缺乏资本和产业化运营经验，则可以引入南方城市（如深圳、广州、苏州）的成熟运营团队和产业资本，在前期由对方主导项目和运营推动成果转化和产业生成，后期学习经验后则可变为自己来主导。

第三类：对于拥有特定资源和应用场景的城市，可以采用"梳理场景→科技（飞地）招商→产业链招商"的路径。

如果某地拥有独特的资源和应用场景，能形成潜力巨大的市场吸引力，就可以围绕产业生成的终极目标先梳理场景，通过挖掘场景、开放场景、提供资源等手段精准招引项目。场景招商的重点是通过提供机会、利用科创项目迅速打通产业生成的堵点，串联起整个产业链，所以科技招商是这类城市新招商的重点。如果本地科创资源丰富，便可推动就地转化；如果本地科创资源贫瘠，要么通过建立飞地寻找科技源头项目，要么直接招引外部相关科创项目。当然，要最终生成产业，还要适时通过产业链群招商去完善关键配套，场景招商运用得好，经常会给城市带来"无中生有"的惊喜，看上去本来一无所有，但很快"冒"出一个产业，背后正是本地独特的资源和应用场景被充分挖掘并用产业生成的思路坚持打造的结果。因此，产业生成式招商首先需要有一双发现场景的慧眼，更要有一颗敢于从 0 到 1 的雄心。

比如，贵阳当年并没有任何数字经济的产业基础，但拥有独特的地理位置、丰富的自然资源和良好的生态环境，这使其成为发展大数据产业的理想之地。当地政府在分析决策后，果断大力推进数字经济战略。2013 年，中关村贵阳科技园落户贵阳，随后中国电信、中国移动、中国联通三大通信运营商齐聚贵阳，共同建设南方数据中心，拉开了贵州大数据产业发展序幕。2014 年，贵州开始实施"大数据战略行动"，把大数据作为全省发展全局的战略引擎。2015

年 5 月 4 日，国内首个大数据交易所在贵阳挂牌成立……贵州大数据产业从无到有、从有到优、从优到精，数字经济增速连续 9 年领跑，全国约 1/4 的算力在此汇聚，成为全国智算资源最多、能力最强的地区之一。2025 年年初，火爆的《哪吒 2》和 DeepSeek 背后都有贵州算力的身影。《哪吒 2》40% 的特效渲染由贵州算力完成，DeepSeek 大模型发展是贵州普惠算力在撑腰。这背后的产业秘诀就是挖掘自身的资源和场景优势进而推动产业生成式招商。

再比如，新疆某国家级高新区所在地区负有维稳重任，但日常人工巡视的成本过高，无人机此时可发挥关键作用。正是拥有维稳巡视的特定场景，该高新区通过开放应用场景，很快招引了粤港澳大湾区的无人机研发和制造企业入驻，当地低空经济的发展由此拉开序幕。

第四类：对于综合条件较好的城市，可以采用"科技（飞地）招商＋资本招商＋产业链群招商"的多管齐下路径。

对于拥有较成熟产业基础、较成熟运营团队和产业资本丰富但科创资源相对匮乏的地区，在大力发展新质生产力和高质量发展的战略引领下，可以将科技招商作为动力引擎，结合资本招商重点招小、招早、招科技，比如直接介入有潜力项目的实验室研究阶段，或通过建设科创飞地引入高质量的科创孵化项目，在项目放大加速和产业化的过程中再通过产业链群招商布局配套产业链和集群式发展。

比如，江苏省全省都在推动科技招商的落地，尤其是苏南地区各城市在早期完成传统产业的发展壮大、拥有一定产业基础后，纷纷通过成立大学、设立科创飞地、跟踪最前沿科技项目锁定团队等方式，结合运用资本丛林加速孵化放大科创项目，通过产业链群招商提前布局产业配套，产业生成的效能和质量明显提升。

综上所述，与传统点状式的招商模式不同，产业生成式招商以产业生成需求实现精准组合，需要提前谋划下一盘大棋，在过程中再进行动态调整。动态调整，是指在产业生成的全生命周期中，根据不同阶段的实际需要采用不同的组合方式，而不是一成不变的。事实上，像广获好评的合肥产业生成式招商，一开始并没有明确的模式组合，而是第一步成功后紧接着探索第二步、第三步，最后终于成型。在初期，合肥采用了大企业纾困的资本招商方法，在京东方、蔚来汽车等企业遇到资金困难而其他地方政府都犹豫不决或拒绝时，合肥政府果断出手，将自身财政收入的1/3拿出来支持企业。收到初步成效后，随着产业发展需要配套，合肥又针对产业链配套的不足推动产业链招商进行精准"补链"。再之后，合肥又充分挖掘中国科技大学、合肥工业大学等资源开展科技招商，并充分利用国资运营经验、推动上市公司股权认购的资本招引模式，实现"多管齐下"，推动本地多个新产业快速生成。这就是新招商模式的动态组合与优化调整。

不论地方政府选择哪条产业生成式招商路径，关键都是找到自己具备的潜在优势、发掘自身的独特吸引力，而不是人云亦云、照抄作业。地方政府在选择产业生成式招商路径时，需要把握一个原则：从最容易的出发。梳理本地场景通常是难度最低也最好操作的，因此先做场景梳理（以场景招商起步），再把科技招商引进来（导入科技招商），最后视产业生成的需要采用产业链群和资本招商，这是一个具有普遍适用性的思路原则。

第四步：升级配置新招商组织（Deploy）

用"三最"升级配置新招商组织。"三最"是指最精通的人、最专业的工具、最有效的架构。

最精通的人包括两类，第一类是有产业生成式招商思维的决策者，第二类是具有产业生成招商技巧的实操者。不管哪类人，都必须是一种复合型人才。只有一批精通掌握产业生成式招商思维和技巧的复合型人才群上下齐发力，才能从旧范式快速转换到新范式。

对招商人来说，如何围绕产业生成进行思维的提升和技能的改进，是一个难题。一是通过读书和培训等方式转变传统的招商思维方式，既要读最新的科技前沿、人工智能、产业动态、生态打造和创投上市并购的书，也要读谈判技巧、沟通策略、心理学的书，还要读招股说明书、上市公司年报、融资公告、并购公告等专业文稿；二是通过实地考察和游学等方式学习领先地区的做法，到产业群落密集的长三角、粤港澳大湾区去学，到科创资源密集的北京、武汉、西安、成都去学；三是跟踪和解析国内外成功案例的操作打法，对照自身差距加以提升；四是推行招商干部任职资格考试，以考促学。所有这些做法就一个目的：提升新老招商干部的知识结构和素质能力，把招商干部打造成一个"八边形"战士，达到四个"具有"和四个"懂得"：具有产业洞察力、具有投行思维、具有数据素养、具有谈判能力，懂得政策设计、懂得生态打造、懂得园区运营、懂得危机处理。

最精通的人，往往以跨专业团队的形式出现。比如，杭州运用数字化技术优选企业推出了一种"数字招商专员"制度，组建由算法工程师、产业分析师、投资专家构成的复合型招商团队。

最专业的工具则主要是利用数字化手段和人工智能AI工具对招商活动进行提质降本增效创利："提质"指提升招商的精准度、扩大招商的信息库；"降本"是指减少招商中的信息差，降低全流程信息和资源匹配的综合成本；"增效"是指提升招商效率、减少重复无谓的动作和冗余流程；"创利"是指为企业开发高附加值的招后服务，创造额外业务和利润。使用数字化手段和AI工具的终极目标是实现数字招商、智能招商。招商跟做生意的本质一样，都存在一个供需是否精准匹配的问题，既需要有充分的供给和需求基础信息，又需要进行对接匹配。很多招商的成本来自信息不对称或冗余流程，难以实现供需的精准匹配，像DeepSeek等智能化工具的应用将从多个方面改进招商效能：

① 提升政府和项目方的信息尽调准确度；

② 大幅提升绘制产业图谱的效率；

③ 迅速了解龙头企业的上下游关联企业情况；

④ 改进相关政策、投资决策和选址建议的分析能力与匹配度；

⑤ 高效便捷地提供政府招商的全流程服务；

…………

对项目方来说，可以用AI工具快速了解产业配置和发展情况、国家及省市相关政策、本地的招商历史和相关案例的成效。调研中我们发现，不少处于初创期的创新项目团队不知道有哪些政策，也不知道哪些政策对自己有帮助，所以要么放弃政策，要么被动等待，要么花大力气去获取相关信息。我认识的一家初创科技型企业专门委托外部第三方公司做政策咨询与信息组合，虽然有一定成效，但这种做法的成本高、精度差、效能低，对初创型企业并非最优选择。

最有效的架构是指搭建一种横向协同、纵向精准的敏捷组织结构。所谓横向协同，是指专业招商部门与政府相关部门之间围绕产业生成这篇大文章形成的深度协同。比如，在宏观管理层面形成一种招商联席制度，将与产业发展相关的职能管理部门全部纳入其中统筹发力；在微观操作层面推动相关办事机构的即时快速联动办公。所谓纵向精准，是指负责招商的上下级部门围绕产业生成式招商进行精准的施策、发出精准的指令，而不是前后不一、摇摆不定。

最有效的招商组织结构，一定是基于市场化的敏捷反应、快速响应的跨部门协同架构，市场主导、服务至上，而不是行政主导、命令至上。这种架构说起来简单，做起来难。政府要真正下决心变革传统的招商组织架构，既需要优化考核指挥棒，还要出台配套管理办法，更需要秉持长期主义，坚持3~5年。同时，应该赋予招商部门更大的部门协调权限，建立项目引入和发展全程跟踪制度，比如建立涵盖招前——招中——招后的全程指标，综合考虑过程管理、结果导向和效益贡献，对项目进行符合科学规律的客观评价。

此外，有效的架构也需要通过制度设计加以实现。比如在实践中，经常会出现不同部门争抢同一项目的情况，这是典型的招商内耗。此时，可以采用招商引资"首谈制"加以规范，核心是明确"谁首次接洽、谁全程负责"，避免无序竞争，既有助于降低投资者和企业家的决策成本，又能优化营商环境、提高项目落地成功率。目前长三角和粤港澳大湾区等区域已经广泛采用这种方式。

第五步：确立新的招商政策导向（Directive）

当传统招商的政策红利如潮水般渐渐退去时，产业生成式招商必将成为招商引资的新航标。无论是一个地区，还是一个园区，想要真正做好产业生成式招商这篇大文章，都必须从根本上确立新的招商政策导向，重塑招商政策体系，从拼政策转向拼环境、拼服务。唯有如此，在全国大市场的广袤天地里，才能生长出根系深扎、枝繁叶茂的现代化产业体系，开启地方高质量发展的崭新时代。

一是构建法治化框架，提升政策稳定性和公信力。

由于行政决策程序缺失、信用约束机制缺位、任期制与政策延续性存在结构性矛盾等多方面原因，许多招商引资项目都遭遇过地方政府违约。政府可以通过推动立法、强化程序防控等措施进一步固化政策边界，建立政策稳定性评价体系，消除企业对"新官不理旧账"的担忧，增强投资信心。

辽宁省在全国率先建立政府承诺合法性审查制度，近三年否决27项超权限招商承诺，形成政策兑现"负面清单"；建立市场主体信用档案，实施分级分类监管，并探索第三方评估制度，对拖欠款、承诺不兑现等失信行为重点整治；建立"红黄蓝"三级预警系统，对几万份行政协议实施数字化动态管理。湖南省岳阳市建立"双审查＋全周期"机制，要求所有招商承诺必须通过合法性审查和公平竞争审查，并在履约阶段设置多个风险监控节点，实现签约、履约、预警全流程闭环管理，合同履约率大幅提升。甘肃省《招商引资条例》首创政策追溯条款，明确"政府换届不影响已签约项目效力"，将政策效力与政府信用绑定，确保企业权益不受政府换届影响。浙江省实施"调整预警期"制度，重大政策变更须经6个月公示期和听证程序，提高了政策延续性，近三年政策调整纠纷大幅下降。

二是建立动态化调整机制，让政策精准对接产业需求。

传统产业政策普遍存在供需错配问题，根源在于政策制定机制与产业发展规律存在双重脱节。一方面，静态化的政策框架难以适应技术迭代加速的产业变革；另一方面，行政主导的政策设计往往滞后于市场主体的真实需求。这种矛盾在新兴产业中尤为突出，导致政策资源浪费与激励效果弱化。为增强政策供给的精准性和适配性，政策供给要从"大水漫灌"转向"精准滴灌"，通过产业链地图分析锁定政策发力点，建立"需求识别——政策设计——效果评估"闭环管理和动态调整机制。

湖南省率先建立"三年评估-年度微调"制度，根据产业链升级需求动态调整政策工具包。2023年针对外资研发中心设备进口成本高的问题，将补贴比例从15%提升至25%，成功吸引西门子工业4.0研究院落户长沙。同时，采用政策众筹模式，通过政企协同机制动态优化支持措施，确保80%以上资金投向智能制造等前沿领域。

河南省则开创"产业链政策沙盒"试验模式，通过三个创新层级实现精准施策：在省级层面划定智能装备等六大试验领域，市级层面匹配"一链一策"工具箱，园区层面设立政策动态调整观察点。郑州航空港区针对富士康供应链的"链式政策包"，既包含20亿元产业基金的杠杆支持，又配套人才公寓、通关便利等34项定制服务，形成从核心企业到配套供应商的政策赋能链条。这种分层递进的供给体系，使政策资源投放准确度大幅提升，带动几十家核心供应商集聚。

三是完善协同化发展机制，打破不良竞争。

不良竞争根源在于不同地区存在科技资质认证不统一、税收减免比率差异等问题，导致创新要素流动受阻。解决这一问题的核心在于打破零和博弈思维，通过政策协同、要素共享和利益平衡机制引导资源向优势产业集聚，实现区域竞合关系向共生型转变。

辽宁省鞍山市建立跨区域政策协调机制，清理废止23项与国家政策冲突的条款，同时为受影响企业提供技术改造补贴等替代方案，政策调整期间项目流失率控制在5%以内。江苏省推动长三角招商政策协同，建立"税收分成＋产业协同"机制。苏州工业园与上海张江科学城联合引进阿斯利康全球研发中心，共享生物医药创新资源，形成生物医药领域"研发在上海、转化在苏州"的协同格局，关键在于建立了包含知识产权共享、税收分成比例、人才流动保障等28项细则的合作框架。在要素配置方面，需进一步创新飞地经济模式。比如，安徽南北共建产业园通过"联合规划编制、税收属地征管、留成按比例分配"机制，实现跨区域GDP核算分离与利益捆绑。同时应构建补偿机制，对产业转移带来的环境承载压力，建立包含横向补偿、产业反哺的复合型补偿体系。这些机制共同作用，最终形成梯度互补、协同共生的产业体系。

四是建立高效化全周期服务体系，破解企业落地痛点。

传统审批模式存在流程冗长、部门壁垒、信息不对称等问题，导致企业耗时耗力。为此，政府应主动改革，从传统"审批式服务"向"管家式服务"系统性转变，建立"问题发现——响应——办结"闭环机制，实现跨部门协同和全流程跟踪。同时，通过信用承诺、容缺审批等创新，降低制度性交易成本，提升企业获得感。

黑龙江哈尔滨高新区推出"首席服务官+数字专员"双轨机制，重大项目审批时限压缩至18个工作日，并通过"承诺即开工""商事登记确认制+秒批"等改革实现高新技术企业"零干预"准入。宁德时代北方基地得益于该机制提前3个月投产，节省财务成本超2亿元。山西省阳城县建立"领办代办"动态档案系统，对重点招引项目实行"一企一档"跟踪服务，2024年累计解决企业用地、环评等问题137项，同步推行"签约即发证""全代办"等举措，实现项目审批与招商洽谈无缝衔接。嵊州市打造企业全生命周期数字化档案，配套"半小时响应"机制，政务服务管家团队提供从注册开办到注销退出的"五星级定制服务"。

五是实行智慧化的政务革新，以数据驱动提升招商效率。

区块链、AI、大数据等技术的深度应用，推动政务服务从"人找政策"向"政策找人"转变。广州市黄埔区首创"区块链+AI"智能秒批，率先将区块链与AI结合，推出100项智能秒批事项，实现从"人工审批"到"系统自动核验"的跨越。例如，全国首张

"区块链+AI"营业执照通过数据自动比对生成，审批时间从数天缩短至分钟级。此外，"税链"平台实现电子发票全流程上链，杜绝重复报销，提升财税管理效率。江西省搭建"亲清赣商"掌上兑现平台，实现1004项惠企政策"免申即享"，86亿元资金直达企业，同步推出"全产业一链办"改革，为600余家企业提供全链条审批服务。湖南省邵阳市通过数字招商平台精准匹配项目需求与园区资源，2024年项目落地周期缩短40%，申报材料减少60%。乌海市推出200项"智慧好办"事项，应用AI技术实现材料预填、规则自检，首办成功率提升50%。吉安市上线1.1万项"区块链+免证办理"服务，材料精简40%，跑动次数从5次压减至1次，并构建"链上政策兑现"体系。浙江某市归集16个部门10亿条数据，建立经济活跃度、亩均效益等指标体系，从项目摘牌到开工的时间从12个月压至3个月。

总之，招商引资的竞争本质已从"政策让利"转向"环境赋能"。当制度创新的磁场效应替代税收返还的短期刺激，当产业链条的聚合优势超越土地优惠的单点让利，当数字化政务服务超越传统的人工审批效率，一个市场化、法治化、国际化的营商环境必将加速形成，产业生成式招商也一定会拥有更大的舞台和空间。

参考文献

［1］彼得·德鲁克. 创新与企业家精神 [M]. 北京：机械工业出版社，2012.

［2］陈强远. 中国开发区招商引资：理论逻辑与现实选择 [M]. 北京：中国社会科学出版社，2023.

［3］广州开发区政策研究室等. 招商4.0：新时代区域招商的战略思维 [M]. 广州：广东经济出版社，2025.

［4］何龙斌. 市场化招商引资模式创新研究 [M]. 北京：中国社会科学出版社，2005.

［5］李沐. 产业链基金与投贷联动招商模式研究 [J]. 投资研究，2025（1）：34-40.

［6］李沐. 国资基金与产业联动的资本招商创新 [J]. 现代经济探讨，2025（1）：44-50.

［7］李庆斌. 招商引资环境建设的路径与策略 [J]. 经济管理，1998（4）：23-28.

［8］李瑞琴. 新时代招商引资策略创新研究 [J]. 经济研究导刊，2020（3）：12-14.

[9] 李婷. 新形势下地方政府招商引资的对策研究——以合肥模式为例 [J]. 经济体制改革, 2025（2）: 89-94.

[10] 蔺雷, 吴家喜. 第四次创业浪潮 [M]. 北京: 中信出版社, 2016.

[11] 蔺雷, 吴家喜. 内创业革命 [M]. 北京: 机械工业出版社, 2016.

[12] 马相东, 张文魁, 刘丁一. 地方政府招商引资政策的变迁历程与取向观察: 1978—2021 年 [J]. 改革, 2021（8）: 131-144.

[13] 潘军, 罗用能, 朱浪频. "大数据＋招商引资"创新精准扶贫研究 [J]. 贵州大学学报（社会科学版）, 2024（3）: 100-105.

[14] 任荣伟. 内部创业战略 [M]. 北京: 清华大学出版社, 2014.

[15] 阮卫红. 场景招商在区域经济高质量发展中的实践路径 [J]. 三峡瞭望, 2024（8）: 56-61.

[16] 阮卫红. 科技成果转化与领军人才招商模式创新 [J]. 经济管理, 2024（12）: 67-76.

[17] 阮卫红. 公平竞争审查背景下招商引资策略转型 [J]. 三峡瞭望, 2024（8）: 56-61.

[18] 谭德浩, 刘敏. 招商引资中的政策理性与市场逻辑 [J]. 中国行政管理, 2008（9）: 67-70.

[19] 田秋生. 产业园区招商引资理论与实践 [M]. 上海: 上海财经大学出版社, 2013.

[20] 王慧. 我国招商引资存在的问题及对策 [J]. 价格月刊, 2008（2）: 49-51.

[21] 王瑞丹, 石蕾. 大数据在区域经济招商中的应用研究 [J]. 大数据, 2024（4）: 65-72.

[22] 王运宝. "新招商时代"如何赢得企业家青睐[J] 决策. 2024（8）：1.

[23] 夏骥. 新形势下招商引资核心战法与场景应用研究[J]. 经济管理，2025（1）：23-22.

[24] 夏骥. 资本招商的合肥、深圳模式对比分析[J]. 金融经济，2025（3）：29-32.

[25] 邢爱泽. 县域金融支持与招商引资协同机制研究[J]. 北方金融，2007（5）：12-15.

[26] 杨云. 产业链招商的七种实践路径与政策建议[J]. 产业经济研究，2024（10）：15-21.

[27] 杨云. 开放应用场景招商的策略与宁德案例解析[J]. 产业经济研究，2024（9）：45-50.

[28] 姚成二. 招商之变的三重透视[J]. 决策，2024（10）：8-11.

[29] 张婷. 未来产业招商引资的技术逻辑与政策导向[J]. 科技进步与对策，2023（11）：78-85.

[30] 钟培武. 产业转移与招商引资政策优化[M]. 北京：人民出版社，2013.

[31] 周明升，张雯. 基于数据中台和人工智能的产业园区招商服务平台[J]. 现代电子技术，2024（2）：190-195.

[32] 宗毅，小泽. 裂变式创业：无边界组织的失控实践[M]. 北京：机械工业出版社，2015.